互联网时代下
高校教育管理与评价创新

洪剑锋　屈先蓉　杨　芳　著

延边大学出版社

图书在版编目（CIP）数据

互联网时代下高校教育管理与评价创新 / 洪剑锋,
屈先蓉, 杨芳著. -- 延吉 : 延边大学出版社, 2021.6

ISBN 978-7-230-01451-9

Ⅰ. ①互… Ⅱ. ①洪… ②屈… ③杨… Ⅲ. ①高等教
育－教育管理－研究－中国 Ⅳ. ①G649.2

中国版本图书馆CIP数据核字(2021)第121882号

互联网时代下高校教育管理与评价创新

著　　者：洪剑锋　屈先蓉　杨　芳
责任编辑：张艳春
封面设计：王　朋
出版发行：延边大学出版社
社　　址：吉林省延吉市公园路977号　　邮编：133002
网　　址：http://www.ydcbs.com
E-mail:ydcbs@ydcbs.com
电　　话：0433-2732435　　　　　传真：0433-2732434
发行部电话：0433-2733056
印　　刷：北京市迪鑫印刷厂
开　　本：787毫米×1092毫米　　1/16
印　　张：8.75
字　　数：196千字
版　　次：2022年3月第1版
印　　次：2022年3月第1次印刷
ISBN 978 7 230 01451-9

定价：52.00元

前　言

信息时代，互联网正以改变一切的力量在全球范围内掀起一场前所未有的深刻变革，传统行业纷纷启动互联网模式，教育行业也不例外，互联网的快速发展对教育行业产生了颠覆性的影响。

教育管理在高校管理工作中处于核心地位，贯穿于教学工作的各个阶段，帮助高校实现资源最佳配置，科学安排教学计划，使教学工作得以顺利进行。近年来，随着我国经济的快速发展，社会对人才的要求逐渐提高，对高校教育管理的关注也越来越高。在互联网背景下，网络渗透至生活的各个领域，促使高校教育管理转型。发挥高校教育管理工作培养优秀人才的重要作用，促进高校发展，提高教育水平，创新高校教育管理已成必然趋势。

同时，教育评价作为教育过程的重要环节，深刻影响着高校的办学行为、教师的教学行为、学生的学习行为，以及良好教育生态的塑造。随着社会的发展和互联网时代的来临，国家、用人单位和社会公众对高等教育提出了更高更新的要求，传统的高校教育评价标准数量化、单一化，评价主体行政化，评价程序形式化等问题使得人才培养严重脱离了社会需求。因此，在互联网时代，重构一种新的适合社会需求和适应就业需要的教育评价体系势在必行。

基于此，本书从互联网入手，在阐述高校教育管理相关理论的基础上，深入分析互联网为我国高校教育管理发展带来的机遇与挑战，并提出互联网时代高校教育管理创新发展的对策，同时在阐述教育评价相关理论的基础上，进一步分析互联网背景下的高校教育评价发展情况，深入探讨互联网时代高校教育质量评价体系的构建，旨在为提升我国高校教育水平提供理论上的借鉴与指导。

由于笔者学识与经验有限，加之时间仓促，书中谬误之处难以避免，恳请专家和读者不吝指正。

目　录

第一章　走进互联网时代

进入 21 世纪以来，我国社会经济迅猛发展，科学技术、信息技术得到了广泛应用。在十二届全国人大三次会议上，"互联网 +"行动计划被提出，这个行动计划旨在深入探究互联网技术的优势，将信息技术与经济发展和社会生活的各个领域结合起来，改变传统的产业经营模式，更好地推动资源开发，为人民服务。

第一节　互联网时代的内涵与进程

一、互联网时代的技术背景

普适计算之父马克·韦泽说："最高深的技术是那些令人无法察觉的技术，这些技术不停地把它们自己编织进日常生活，直到你无从发现为止。"互联网正是这样的技术，它正潜移默化地渗透到人们的生活中。所谓"互联网 +"，是指以互联网为主的一整套信息技术（包括移动互联网、云计算、大数据、物联网等配套技术）在经济、社会生活各部门的扩散和应用，并不断释放数据流动性的过程。"互联网 +"对应的英文为"internet plus"，即不是加法（加号），而是"化"（plus）。"互联网 + 各个产业部门"不是简单地连接，而是通过连接，产生反馈和互动，最终出现大量化学反应式的创新和融合。互联网作为一种通用目的技术，和 100 多年前的电力技术、200 多年前的蒸汽机技术一样，将对人类经济社会产生巨大、深远而广泛的影响。

"互联网 +"的前提和基础是互联网作为一种基础设施广泛安装。英国学者卡萝塔·佩蕾丝认为，在过去的 200 多年间一共发生过五次技术革命，每一次技术革命都形成了与其相适应的技术—经济范式。一个技术—经济范式包括一套通用的技术和组织原则，是一种最优的惯行模式。佩蕾丝在《技术革命与金融资本》中提出，每一次技术革命都有两个不同的时期：导入期和展开期。每一个时期又会经历两个不同的阶段：导入期的爆发阶段和狂热阶段，展开期的协同阶段和成熟阶段。两个时期中间会有狂热泡沫之后的调整期。在导入期，技术创新中的大量关键产业和基础设施在金融资本的推动下得以形成，但同时也会遇到来自旧范式的抵抗并产生各种矛盾，各种制度变革的呼声日益高涨。在展开期，技术革命的变革潜力扩散到经济领域，为整个经济发展带来的助益达到极致。

二、互联网时代的内涵

（一）"互联网 +"的定义

"互联网 +"是创新 2.0 下的互联网与传统行业融合发展的新形态、新业态，是知识社会创新 2.0 推动下的互联网形态演进及其催生的经济社会发展新形态。"互联网 +"代表一种新的经济形态，即充分发挥互联网在生产要素配置中的优化和集成作用，将互联网的创新成果深度融合于经济社会各领域之中，提升实体经济的创新力和生产力，形成更广泛的以互联网为基础设施和实现工具的经济发展新形态。"互联网 +"行动计划将重点促进以云计算、物联网、大数据为代表的新一代信息技术与现代制造业、生产性服务业等的融合创新，发展壮大新兴业态，打造新的产业增长点，为大众创业、万众创新提供环境，为产业智能化提供支撑，增强新的经济发展动力，促进国民经济提质增效升级。

（二）"互联网 +"的内涵

1."互联网 +"首先是互联网的全方位应用

互联网归根到底是一种工具，就像前几次技术革命中的蒸汽机、电力一样，从出现后就被各行各业广泛应用。单纯从互联网的应用角度来理解"互联网 +"，人们可能会产生疑问：既然"互联网 +"是国民经济各行业和全社会对互联网的应用，在市场经济体制下，因竞争压力而借助互联网进行成本缩减必然成为市场主体的理性选择，那么，互联网的应用不是水到渠成的事情吗？为什么各个国家都以不同的形式将类似于"互联网 +"的内容（如美国的工业互联网）列为国家级战略布局？回答这几个问题的重点在于互联网与哪些产业"相加"。

2."互联网 +"是产业应用，更是产业重塑

从近 20 年短暂的互联网发展史来看，我国当前正经历互联网商业向互联网工业过渡时期。互联网与商业的结合，极大地改变了人们的日常生活方式，电子商务的快速发展印证了这一点。互联网对商业的改写，毫无疑问降低了市场的运行成本，弥补了非统一市场的缺陷，但本质上并未改变其商业属性，解决的仍是生产与消费的低成本匹配问题。基于互联网的零售新业态，本质上只是缩短了零售环节，节省了交易成本。经济史研究表明，商业经济时期，社会的创新能力并没有显著提升，其互通有无的本质注定不会产生"生产什么以及如何生产"这样的经济知识。因此，基于商业贸易的互联网应用虽然可以改变产业形态，但从理论上来说并不会大规模产生新的经济知识以及技术创新。但互联网与工业的结合却在改写工业生产方式、经济知识供给方式以及技术创新的模式。美国互联网产业发展较早，市场规模也较大，但因为其线下商业体系发达，因此互联网商业发展并没有中

国式的爆发增长态势，这从侧面证明了互联网商业在本质上仍是传统商业的有益补充。但工业互联网发展却成了美国的国家战略，原因就是在工业领域，互联网并不仅仅是一种工具。基于互联网的工业并不是传统工业的补充，而是对传统工业的升级或替代。发达国家虽然服务业占比超过工业占比，但他们均具有对工业技术的核心掌控能力，制造业发展对于国家创新体系仍起到非常重要的作用。

3. "互联网＋"的本质是传统产业的在线化

"互联网＋"的本质是传统产业对互联网的深层次、全方位应用，以及互联网对传统产业的改造和重塑。互联网的应用可以解决现有市场机制下许多解决不了的问题，如缓解信息不对称、降低交易成本，也可以通过改变生产流程促进竞争力的提高。我国互联网在商业领域的应用已经处于世界领先水平，而互联网在工业领域的应用却稍稍滞后。从互联网商业到互联网工业，是从互联网应用到"互联网＋"的最好诠释。互联网及信息化正在带来新一轮科技革命。我国当前处在抓住和引领新一轮产业革命的最佳机遇期，抓住这次机遇，对于我国经济的长远发展和创新体制建设具有深远的意义。

（三）"互联网＋"与信息化

"互联网＋"的本质是传统产业的在线化、数据化。互联网广告、网络零售、在线批发、跨境电商所做的工作都是努力实现交易的在线化。只有商品、人和交易行为迁移到互联网上，才能实现在线化；只有在线才能形成"活的"数据，随时被调用和挖掘。在线化的数据流动性强，不会封闭在某个部门或企业内部。在线化的数据随时可以在产业上下游、协作主体之间以最低的成本流动和交换。数据只有流动起来，其价值才能最大限度地发挥出来。

从根本上来说，"互联网＋"的内涵区别于传统意义上的信息化，或者说互联网重新定义了信息化。之前，人们把信息化定义为信息和通信技术不断应用深化的过程。但是，如果信息和通信技术的普及、应用没有释放出信息和数据的流动性，促进信息和数据在跨组织、跨地域的广泛分享和使用，就会出现黑洞陷阱，信息化效益将难以体现。但是互联网，特别是电子商务的到来正在改变这一切。

信息化的本质在于"促进信息和数据的广泛流动、分享和使用"。这个结论源于信息的一个本质特征：信息的使用存在边际收益递增性，即信息和数据只有在流动、分享中才能产生价值，流动的范围越大，分享的人越多，价值越大。而要实现这一点，有两个重要的前提：一是信息基础设施的广泛安装；二是适应信息广泛流动、分享、使用的组织和制度创新。

卡萝塔·佩蕾丝认为，每一次大的技术革命都有两个阶段。第一个阶段是新兴产业的兴起和新基础设施的广泛安装；第二个阶段是应用的蓬勃发展和收获。近20年来，我国宽带通信网络、智能终端、互联网、芯片、传感器和 RFID 产业发展迅猛，并在企业和个人中广泛安装、渗透，为信息化奠定了坚实的基础。信息基础设施在传统产业中的广泛安装可以采用技术改造的思路，但是出发点一定要围绕"信息资源的开发"。例如，企业中的制造资源计划系统（MRPII）、企业资源计划系统（ERP）和客户关系管理系统（CRM）的安装为的是在一个企业内共享信息，而接入互联网、安装 APP、加入第三方电子商务平台则是要在全社会分享、使用信息。

组织和制度创新既是信息化的要求，也是信息化的必然结果。我国目前的制度基本上都是围绕封闭的信息系统建立的，这是推进信息化的最大障碍。以医疗信息化为例，电子病历是病人的"就医全记录"，记载病人的基本信息、健康情况、问诊情况和用药情况。地区联网、全国联网对于提高诊疗水平、监督医疗行为意义重大，但各地进展缓慢，根本原因在于原有的管理都是围绕"以医院为中心"的封闭系统建立起来的，也相应形成了一整套商业模式和利益链条。实现真正的信息化，让医疗、就诊信息流动起来，广泛分享，最终将促进业务流程、组织结构的优化和调整。

因此，真正的信息化是通过信息技术的广泛应用和信息基础设施的安装，以及政策、制度的创新，促进各类信息和数据最大限度地传播、流动、分享和创造性地使用，提升经济社会运行效率的动态过程。在这个过程中，只有广泛分享和使用，信息和数据才有可能成为社会财富增长的主要源泉，才能回归信息化的本质。

在互联网时代，信息化正在回归这个本质，根本原因在于互联网降低了信息收集、处理的成本。《长尾理论》中指出，技术革命的最大收益是降低某种生产要素的成本。工业革命使得机械动力的成本大大降低，工厂可以 24 小时运转；信息革命不断降低数据和信息的采集、传输、处理和使用成本；而互联网是迄今为止人类所看到的信息处理成本最低的基础设施。作为信息基础设施，互联网天然具有全球化、开放性、分布式、交互式、去中心化、海量信息等特征。互联网的上述特征使得信息和数据在工业社会中被压抑的潜力爆发出来，它最有可能成为现今生产力和社会财富增长的源泉。

以电子商务与企业资源规划系统的关系为例，企业资源规划系统的推出及其广泛应用原本是为了帮助企业实现供应链管理，但由于受到了技术发展的限制，企业资源规划系统的应用难以突破不同企业之间的组织边界，即企业与企业之间仍难以通过信息的有效沟通，共同对市场做出快速反应。企业资源规划系统实际上难以真正实现供应链管理的目标。最后，企业资源规划系统不得不退化为一个企业内部的管理系统，帮助企业内部实现资金流、物流与信息流的一体化管理。随着互联网技术的不断发展与广泛应用，在互联网平台上基于 Web 技术的企业资源规划系统及其最新发展为企业跨越组织边界和地域限制，降低信息系统总体拥有成本，真正实现全流程供应链管理提供了可能。至此，数据的流动性被释放出来，数据在企业之间流动，发挥了协同的信息传导作用。

互联网改变了企业信息化的发展路径。以往的企业信息化大多数是"由内而外"发展的，先是财务软件，再是企业资源规划系统，最后是供应链关系管理系统（SCM）、客户关系管理系统、订单系统等；而互联网企业是"由外而内"倒逼，例如网商，直接上来就是销售、订单系统，然后再是客户关系管理系统、企业资源规划系统。这也可以看出，互联网企业的数据和信息互动范围更广泛、更开放。

互联网影响着产业组织方式和结构。在工业经济中，数据是结构化、集中式、少量、零散、独占的。当数据只掌握在少数大企业、品牌商手中时，企业之间的协同是单向的、线性的、紧密耦合的控制与被控制关系。大公司、品牌商处于价值链核心，对供应链实施线性的控制。在互联网时代，当数据是分布式、碎片化、实时、海量产生的时候，当数据在互联网上是透明、公开和共享的时候，企业内部组织必须随之改变。企业间的协作必须像互联网一样，要求网状、并发、实时协同。于是，在电商企业中会出现大量数据替代库存、数据驱动流程、数据塑造组织的案例。

三、互联网时代的进程

"互联网＋"的过程也是传统产业转型升级的过程。过去 10 年，这一过程呈现"逆向"互联网化的特点。在企业价值链层面，从消费者在线开始，到广告营销、零售，到批发和分销，再到生产制造，一直追溯到上游的原材料和生产装备，表现为一个个环节的互联网化。在产业层面，从广告传媒业、零售业，到批发市场，再到生产制造和原材料，也表现为一个个产业的互联网化。从另一个角度观察，"互联网＋"是从 C 端到 B 端，从小 B 到大 B 的过程。在这个过程中，作为生产性服务业的物流业和金融业也跟着出现互联网化的趋势。在"互联网＋"逆向倒逼的过程中，各个环节互联网化的比重是依次递减的。

最先互联网化的是消费者。几十年前，中国第一批互联网网民产生。最早的中国网民使用的互联网应用是门户网站、论坛等，之后是网络游戏、即时通信等，互联网广告和网络零售的产生是 20 世纪 90 年代末期的事情。中国互联网络信息中心（CNNIC）发布的第四十七次《中国互联网络发展状况统计报告》显示，截止到 2020 年 12 月，我国网民规模达 9.89 亿，已占全球网民的五分之一；互联网普及率达 70.4%，高于全球平均水平。中国庞大的互联网人口和网购人群是推动产业互联网的动力源头。

广告营销环节是最早互联网化的商业环节。中国的第一个商业性网络广告出现在 1997 年 3 月，表现形式为 468 像素 ×60 像素的动画旗帜广告。Intel 和 IBM 是最早在国内互联网上投放广告的广告主。如今，利用互联网开展广告营销已经成为非常大众化的选择。CNNIC 的数据显示，2020 年，我国网络广告市场规模达 4966 亿元，同比增长 14.4%，这在某种程度上可以看出广告行业互联网化的程度。

其次是零售环节的互联网化。网络零售形式的电子商务在中国起步于 20 世纪 90 年代末。2003 年，淘宝网的成立和支付宝的推出成为电子商务的标志性事件，直接推动了网络零售的快速发展。2008 年之后，中国网络零售获得了爆发式的增长，复合增长率达到 90% 以上。生鲜、百货、餐饮服务等行业互联网化的程度越来越高，汽车、房地产、古玩珠宝等行业的互联网化进程才刚刚开始。

再就是批发和分销环节的互联网化，这里包括传统的 B2B 网站纷纷由信息平台向交易平台转型，进而推动在线批发，以及传统企业大量开展的网络分销业务。近几年，国内几个主要的 B2B 平台都在大力发展在线交易，通过互联网完成整个交易流程。

第二节　互联网时代的特征

"互联网＋"就是"互联网＋各个传统行业"，但这并不是两者简单相加，而是利用信息通信技术以及互联网平台，让互联网与传统行业进行深度融合，创造新的发展生态。它代表一种新的社会形态，即充分发挥互联网在社会资源配置中的优化和集成作用，将互联网的创新成果深度融合于经济、社会各领域之中，提升全社会的创新力和生产力，形成更广泛的以互联网为基础设施和实现工具的经济发展新形态。近几年来，"互联网＋"已经影响改造了多个行业，当前大众耳熟能详的电子商务、互联网金融、在线旅游、在线影视、在线房产等行业都是"互联网＋"的杰作，它的六大特征值得关注。

一、跨界融合

"＋"本身就是一种跨界，就是变革，就是开放，就是融合。敢于跨界，创新的基础才会更坚实；融合协同，群体智能才会实现，从研发到产业化的路径才会更垂直。融合本身也指身份的融合，客户消费转化为投资，伙伴参与创新等等。

融合可以提高开放度、增强适应性。如果互联网能够融合到每个行业里，那么无论对于互联网还是传统行业，都是一件好事。

植物嫁接往往会带来惊人的变化。据研究，影响植物嫁接成活的主要因素是接穗和砧木的"亲和力"，其次是嫁接的技术和嫁接后的管理。"亲和力"就是接穗和砧木在内部组织结构、生理和遗传上彼此相同或相近，能互相结合在一起的能力。亲和力高，嫁接成活率就高；反之，则成活率低。这种机理和"互联网＋"十分相似。"＋"要求双方而不是单方的亲和力，可以看作双方各自的融合性、连接性、契合性、开放性和生态性。

互联网给其他产业带来冲击是必然的，而且是不可逆的。互联网对于我们每一个人的影响都很大。一个行业、一家企业，最具能动性、创造性的是人，只要人们不把互联网当洪水猛兽，互联网就会像曾经的蒸汽和电一样服务于人们。

融合是一种气度，一种力量，一种勇气，一种追求。融合让适者生存，融合让企业掌控能量。产业的冲击会很普遍，产业的颠覆会少有发生，产业的融合将成为流行趋势。

二、创新驱动

现在是信息经济、数据经济的时代，甚至有人称之为"创客经济"和"连接经济"。这个时代经济发展的关键驱动要素是资源、客户和创新。在我国改革开放的前几十年，经济发展以资源驱动为主，客户驱动为辅，而创新驱动不足。

粗放的资源驱动型经济增长方式必须转变到创新驱动发展这条正确的道路上来，同时要敢于打破垄断格局与条框限制，破除束缚生产力发展的因素，建立可跨界、可协作、可融合的环境与条件。这正是互联网的特质，用互联网思维求变，更能发挥创新的力量。

科技创新在国家发展全局中居于什么位置？2015年3月13日颁布的《中共中央国务院关于深化体制机制改革加快实施创新驱动发展战略的若干意见》旗帜鲜明地做出了回答：把科技创新摆在国家发展全局的核心位置，统筹科技体制改革和经济社会领域改革，统筹推进科技、管理、品牌、组织、商业模式创新，统筹推进军民融合创新，统筹推进引进来与走出去合作创新，实现科技创新、制度创新、开放创新的有机统一和协同发展。

政府的信号已经足够明确，我国正处于向创新驱动发展转型的关键时期。中国未来是创意、创新、创业、创造驱动型发展，发展靠的是打破机制的藩篱，靠的是更多的个人发挥创造精神，靠的是协同创新、跨界创新、融合创新，这就是最不应被忽视的"新常态"。

把增长动力真正从要素驱动转换为创新驱动，才不会在过分依赖投入、规模扩张的老路上原地踏步。充分激发各类主体参与创新活动的积极性，建立以企业为主体、产学研用协同创新机制，让科技创新在市场的沃土中不断结出累累硕果，中国经济发展才能更有动力，行稳致远。

三、重塑结构

重塑结构从互联网时代就已经开始了。信息革命、全球化、互联网业已打破原有的社会结构、经济结构、关系结构、地缘结构和文化结构，结构重塑的同时带来很多要素（如权力、关系、连接规则和对话方式）的转变。

互联网改变了关系结构，摧毁了固有身份，用户、伙伴、股东、服务者等身份在一定条件下可以自由切换。互联网改写了地理边界，也摧毁了原有的游戏规则以及管控模式。

互联网重新塑造了社会，在弱关系社会里重新建立契约和信任关系，这是互联网非常重要的一个作用。互联网连接的关系里产生了新的能力、新的人际关系。"互联网＋"最终描述的还是一个智能社会，大家更加高效、节能、舒适地在这个社会里生存，"互联网＋"给人类社会提供了非常大的福利。

互联网打破了固有的边界，减弱了信息不对称性。信息的民主化、参与的民主化、创造的民主化盛行，个性化思维越来越流行。互联网让社会结构随时面对不确定性，社群分享普遍盛行。接触点设计、卷进方式设计成为企业管理者的必修课，而注意力、引爆点成为商业运营和品牌传播中被重点关注的要素。

互联网让组织、雇佣、合作都被重新定义，互联网 ID（身份标识号码）成为个体争相追逐的目标。现实世界与虚拟世界有时候变得分裂又无缝融合，自我雇佣、动态自组织、自媒体大行其道，连接的协议有时候完全由个人定义。

互联网降低了整个社会的交易成本，提升了全社会的运营效率。如购票这种原来要跑到售票点才能解决的问题，现在随时随地随需，不到一分钟就可以在移动终端完成。移动互联网催生了持续在线，移动终端成了人的智能器官。用户的需求越来越多地发生在移动互联网上，如通信的需求、信息的需求、传播的需求、娱乐的需求、购物的需求等。

互联网可以把选择权交给用户。原来用户面对的是一个"黑箱"，信息完全不对称。现在，信息足够丰富，把主动性还给了人，让他们获得完全不一样的体验。个性化定制借助互联网大大流行，海尔建立的互联工厂就可以按照客户的个性化需求定制空调。互联网还集成了大众智慧，用户可以参与设计、参与创新、参与传播、参与内容创造，用户对于物流和产品的评价实际上是在参与管理。互联网基于个体发起了"众"经济，众包、众筹、众创、众挖，既是社会的新结构、商业的新格局，又是生活的新方式、经济的新范式。众，既是大众，又是小众、个体；既是自己、伙伴，又是外部世界；既是标准，又是个性；既是集中，又是民主。

四、尊重人性

人性的光辉是推动科技进步、经济增长、社会进步、文化繁荣的最根本的力量，互联网的强大力量也来源于对人性的最大限度的尊重、对人的体验的敬畏、对人的创造性的重视。

人性即体验，人性即敬畏，人性即驱动，人性即方向，人性即市场，人性即需求，人性即合作。人性是连接的最小单元、最佳协议、最后逻辑；人性化是连接的归宿，是融合的起点，是存在的理由。小到一次互动，大到一个平台，都要基于人性思考、开发、设计、运营、创新和改进。

人性是检验的标尺，人性是关系的核心。重视人性、尊重人性的机构，可以为服务增值。传统的行业、过去的服务谈转型、讲升级，最根本的出发点是不要忘记初心——基于人性。

五、开放生态

依靠创新、创意，同时要跨界融合、协同，就一定要优化生态。对企业、行业应优化内部生态，并和外部生态做好对接，形成生态的融合性。更重要的是，我们要做好创新的生态，如技术和金融结合的生态，产业和研发进行连接的生态等。

好的生态激活创造性，放大创造力，孕育创意，促进转化，带来社会价值创新；坏的环境、滞后的规制、欠缺的生态则会扼杀创新。

（一）"开放度"决定行业、企业的命运

未来的商业是无边界的。在这个重要前提下，衡量企业跨界能力的关键因素就是开放性、生态性。假如颠覆性创新在一个自我封闭的系统里进行，那么创新很难实现。不能以开放的心态去对跨界战略进行深刻洞察，自然无法思考和设计新的商业模式。

只有开放才能融合，实际上这也是跨界思维的核心之一。在一个开放的生态系统里，跨界才能找到和外界其他要素之间的共通点，在这个基础上还可以去寻找跨界合作的规则。未来的跨界，一定要把企业的内部生态系统延伸出去，和外部的生态系统进行协同、交互、融合，跨界的力量才能有效地推动创新。

（二）创意、创新、创业，生态为上

当创意、创新被条件所困、被环境制约，创业的努力只会变成一个个悲伤的故事。创意、创新是生态的要素，生态既要有种子，还要有土壤、空气、水分。国家积极鼓励大众创业、万众创新的目的就是培育一大批创新型小微企业，并从中成长出能够引领未来经济发展的骨干企业，形成新的产业业态和经济增长点。而实现目标的重要条件就是创意、创新、创业的生态。构建生态既需要精心设计又需要发挥要素的连接性和能动性；必须形成生态内外的有机信息交换，而不是自我封闭；要素间的交互、分享、融合、协作要随时、自由地发生，同时还要保持各要素的独立个性。

关于"互联网+"，生态是非常重要的特征，而生态本身就是开放的。推进"互联网+"其中一个重要的方向就是把过去制约创新的环节化解掉，把孤岛式创新连接起来，让研发由市场来驱动，让创业者有机会实现价值。

要构建开放的生态，清除阻碍创新的因素是一个方面，另一个方面是要以人为本、以市场为基础，让创新与产业化、技术与资本化、知识产权与价值化符合创新中国的要求，符合发展的要求，符合社会价值创新的要求。

六、连接一切

"互联网+"的关键在于建设一个连接一切的生态，体现了互联网未来将如何对社会和世界施加影响。理解"互联网+"，一定要把握它和"连接"之间的关系。跨界需要连接，融合需要连接，创新需要连接。连接是一种对话方式、一种存在形态，没有连接就没有"互联网+"；连接的方式、效果、质量、机制决定了连接的广度、深度与持续性。

连接是有层次的，可连接性是有差异的。连接的价值相差很大，但却是"互联网+"的目标。从连接的层次看，可以概括为联系（Connection）、交互（Interaction）、关系（Relationship），三个层次的连接方式、连接内容与连接质量都不相同。"联系"包括很多机构和服务，可以短时期聚集很大的流量。"交互"很关键，它承上启下，没有交互，就很难分流、导流，建立信任和依赖。"关系"是连接的目的、创新的驱动、商业的核心，沉淀下来的信任关系是连接的归宿，是商业的阶段性目标，是社会价值创新的基础。

连接一切有一些基本要素，包括技术（云计算、物联网、大数据技术等）、场景、参与者（人、物、机构、平台、行业、系统）、协议与信任等。信任作为连接一切的一个要素，很多人未必理解或认同，但它的确是最重要的因素之一。因为互联网让信息不对称性降低，连接节点的可替代性提高，只有信任是选择节点或连接的最好判别因素，信任让"+"成立，让连接的其他要素和信息不会阻塞、迟滞，让某些节点不会被屏蔽。

欲在"互联网+"时代如鱼得水，积淀信任关系就变得非常重要。那些忘记责任生态和开放分享的人、机构、平台，必然难塑信任。有信任，才有人愿意连接，所以，失去信任几乎就相当于"失去连接"，未来企业的生死、成长的快慢、发展的持续与否，很大程度上取决于信任。因此，"互联网+"会形成一种倒逼，让诚信、信任重建，这是人性推动社会进步的最好证据。

第三节　互联网时代的高校教育发展

随着互联网时代的到来，我国高校教育发展也面临着一场革命。互联网对于教育的深刻影响是显而易见的，也将是持续的。因此，我国高校教育必须顺应发展趋势，抓住机遇，乘势而上，加快推进教育现代化进程。为了更好地满足"互联网+"时代人与社会的发展需求，高校教育应从以下几方面进行转变：

一、知识传递向网络化与内需化转变

（一）知识获取的便捷性与直观性

现代信息技术大大增加了人们学习、工作和交流的便捷性，让人们可以更快、更广泛地传播信息、获取知识，并通过多样化的渠道把遥远的地方和不同的生活方式连接起来。人们从未经历过技术发展如此之快的时代，它以每十年成百倍的速度发展，冲破时空的限制，重塑人们的交流、思考与学习的方式，让越来越多的人习惯使用智能终端进行碎片化学习。

"互联网+"时代的到来，移动终端的普及，使得人们对知识的获取愈来愈便捷与直观。

在这种背景下，高校作为培养高级专门人才的社会机构，在知识传递方面必须学会充分运用网络传输的优势来提高知识服务的广度和深度。一方面，高校的学生是在信息时代下成长起来的，他们既是当前高校教育的教育对象，又是微博、微信等软件的核心使用群体，习惯于使用各种 APP 获取知识。另一方面，科学技术的进步要求高校的教学模式多样化，通过移动终端让学习者更加方便地获得更多知识和信息。

（二）知识获得趋向按需分配

传统的信息技术辅助教学采取的是以行为主义理论为基础的以教为主的教学模式，在知识传递过程中，教师只关注学习者的外在表现，将大量陈述性知识和程序性知识传授给学生，学生则像一个固化的容器，静静地等待被注满。当容器被注满时，便认为受到了教育。这种做法忽略了学习者的学习兴趣和动机，使其心智训练逐渐固化或淡化。"互联网＋教育"改变了这一局面，它以学习者为中心，从学习者的内在需求和兴趣出发，通过在线检索和学习相关课程资源，积极建构学习者的知识体系。同时，学习者需要为自己树立目标、制订计划，当遇到问题时可自发组织学习社区，讨论学习，寻求解决策略。显然，"互联网＋教育"遵循的是一种知识获取按需分配的理念，把知识的获取权交给学习者，让他们根据自己的需求获取知识，建构更有成效的经验反思和心智模型，这无疑很好地扭转了高校教育以教为主对学习的偏离。高校教育不能故步自封，需要重新审视自身。正如国际开放与远程教育协会会长约翰·丹尼尔所言，慕课（"互联网＋教育"的一种产物）的竞争将迫使众多世界一流大学专注于学生需求和教学质量的提升，而不是停留在口头之上。换言之，高校教育对知识的传授将转向按需分配。大学是师生探索真理、实现自我的地方，其根本特征就在于用思想武器来"武装"学生。在象牙塔中的学生不仅要接受知识的熏陶，更要发挥自身的积极性，去不断发现和创新，被动学习、靠成绩衡量自身价值难免会让学生失去追求自我的动力。大学生理应有主动选择的勇气，找到适合自己的发展方式，按照需求去追求真理，只有这样才能在学习中有所收获，也只有这样大学才不会失去它存在的意义。

二、教学向个性化与互动型转变

信息技术和知识经济的迅速发展转变了人们获取知识和信息的方式与途径，打破了传统课堂的限制，使得优质的课程资源在全球范围内得以共享。面对全球化的进程，人的独特个性的全面发展与创造力的充分发挥成为核心课题，教育必须面向全体，培养全面人才，这需要高校教学向个性化和互动型转变。

（一）以因材施教为基础的个性化学习

因材施教指在教育过程中，教师根据一定的教学目的，对学生的个体特质进行具体研究，灵活地创设适合学习者的教学情境，使整个教学过程能适应学习者的需求，从而很好地开发个体潜质，是个性化教育得以实现的核心和根本途径。个性化教育是以尊重学习者个性差异为前提，以提供多样化教育资源和自主选择为手段，促进个体自由而充分发展的教育方式。在"互联网＋"时代，教师教学势必要在因材施教的指引下，逐步把学生引向个性化自主学习的轨道上来，使学生的潜能充分发挥出来。

首先，教师应树立一种理念，即相信每个学生通过合适的教育都能成为最好的自己。教育不应是功利的，它应关注的是人的潜能如何被最大限度地激发并加以实现，所以说，唤醒每一个生命，让其内部的灵性充分彰显才是真正的教育。教师需站在生命的立场，视教育为一种信仰，积极地关注学生的成长，通过教育使具有天赋的人自己决定成为什么样的人才，把握自己的安身立命之本。

其次，教师在教学过程中应采取多样化的教学策略适应学生的个体差异。加德纳的多元智能理论表明，每个人都至少拥有 8 种智能，只是因其存在的量与组合方式不同才让每个人呈现出不同的风格。因此，教学模式要多样化，采取多元组合和交替策略，鼓励学生在选择自己优势智能和偏好的同时尽可能地接触其他学习活动，多利用异质分组的合作方式促进学生的交流互动，以达到取长补短的效果。此外，面对当前极其丰富的在线开放资源，教师可以从中引用材料构建课程，让课程基于学习者的生活实践实现多元化，为个体的充分发展提供更大的可能。

最后，教师对学生的评价也应全面、客观、多元。单纯以分数作为评判学生优劣的标准，在一定程度上会削弱学生学习的积极性。教师需对学生进行合理的评价和有针对性的引导，在其骄傲时给予适度警示，在其失落时予以适当鼓励，使其始终处于一种螺旋上升的状态。

（二）教师角色的转变

一直以来，教师都被视为传道、授业、解惑的职业，在传统的高校教育中，教师是主体，扮演着知识传递者的角色，教学传播方式是自上而下的，教师与学生的关系体现为传授和接受的关系。尽管现阶段多媒体技术已被广泛运用到高校教育中，但这并没有改变以教师为中心和以教材为中心的局面，学生依旧是知识的被动接受者，其独创性和逻辑能力也未有显著改善。在"互联网＋教育"模式下，知识是媒介和催化剂，学生是中心和主体。一所大学的学生通过网络可以研习另一所大学的课程，大学以外的人员也有接受高校教育的机会。这种转变使得教师将失去传统灌输式教育的庇佑，其角色也不得不做出相应转变。

在此种背景下，教师的角色将由传统的一元化向多元化转变。正如陈荣武所说："网络教育中教师是一个复合型社会角色的总和，从事网络教育的教师的理想角色，是经过专业训练而成为网络教育教学的设计者、参与者、组织者、引导者、服务者、合作者、研究者和创新者，同时担当导学员、信息员、管理员、咨询员、辅导员、协调员、监督员和裁判员等角色。"

对于这样的转变，作为教育信息化背景下的教师，首先要树立正确的角色认知，通过实例宣讲或试验对比等方式，认识到传统教师角色的弊端，意识到自己不再是知识的权威，应在实际教学中时刻反思所扮演的角色能否满足和促进学生发展的要求。实践证明，只有积极转变教师角色才能更好地适应教育教学的发展。其次，学校应该建立良好的激励机制，给予教师一定的物质奖励和精神激励，鼓励教师在教育信息化发展的道路上有更充足的前进动力。再次，学校可通过举办各种课程设计大赛，充分调动教师教学的积极性和创造性。最后，开展信息技术校本培训，促进高校教师角色转变。校本培训包含三层含义，即为了学校、在学校中和基于学校。高校应充分利用各种资源，设计规划适合本校的信息技术培训课程，通过相应的培训，保障教师能很好地进行角色转变，更好地满足学生的需求。

三、人才培养向自我实现与公民责任转变

（一）人人可以成才的自我超越或自我实现取向

自我超越的概念是由维克多·弗兰克提出的，他认为人真正的追求就是超越自我，这种追求包括对自然、社会以及人的所处位置的探索。通过自我超越，人可以重新认识自己，冲破成长的上限，挖掘向上的欲望，以一种积极的态度追寻梦想，直面生活。自我超越是人的基本特征，自我超越的过程是人不断成长并完善的过程，人要想实现这个过程首先便要有自我意识。自我意识是一种自我认知，是对现存的"我是什么"的提问。这一提问也是教育当中的不解之谜，教育的对象是人，所以"我可能是什么"也是教育向人提出的一个永恒问题。教育就是使人在不断的自我否定中创造出新的自我，换言之，教育的使命就是引导人走向自我超越或自我实现。

然而，在这个工具理性亢奋的时代，教育丧失了其本真的意义，忘却了教人如何在自我超越中升华心灵。在这种背景下，学校教育过分注重对知识的机械灌输和强化训练，忽略了对人的自我超越价值取向的培养。因此，教育尤其是高校教育要回归教育原点方能实现人的自我超越。高校教育对人才的培养应树立一种人人可以成才的理念。正如赫舍尔所说："我们认为人是什么样的，我们就会成为什么样的人。"相信"人人都可以成才"是一种自我意识，它不是教育要实现的预设目标，而是一个追求不断成长、以求达到自我实现，并进行自我超越的过程。追求这样的过程，人的内在动力才会不断被激发，教育才能彰显其本真色彩。另外，"人人可以成才"的理念也符合人的本性。德国学者兰德曼曾说："人在本质上是不确定的，大自然只做一半就让人上路，另一半留给自己完成，所以人是可以塑造自己的。"既然人具有未定性，就意味着其在生活实践中是可以改变的，可以依据自己设定的终极完美目标而不断突破自我，最终实现自我超越。

（二）同理心驱动的公民责任

"同理心"一词最早源于希腊文，是情商（EQ）的重要组成部分，指在人际交往中，能够敏锐感知并正确理解他人的情绪、想法、立场和感受的一种能力，做到将心比心、相互理解、相互关怀，也就是设身处地为他人着想，尽可能减少相互间的误解和冲突，并在此基础上增加认同感和包容心。

同理心是人类自有的一种能力，发展心理学认为，人在婴儿时期便有了同理心，但是由于人的发展的不确定性，同理心不断发生着变化。美国心理健康学会专家卡罗琳·西蒙斯和玛丽安·托尔平认为，孩子接受教育的方式将在很大程度上影响他们同理心的形成，如果父母和其他教育者都潜移默化地把注意力引向自己的行为会给他人带来的影响上，孩子就更容易增强同理心。反之，如果父母和其他教育者习惯于关注过错或不当行为本身，无论是批判还是惩罚，都可能使孩子的同理心更加淡薄，并最终导致这种教育模式下的人缺乏必要的同理心。唤醒同理心更需要多关注他人的感受，关注对受动者所造成的影响及心理感受。这样的长期坚持会大大丰富个体的心理体验和生活体验，让个体因时刻关注和关心关系群体而变得情感丰富且更具包容心。

当一个人的经历和关系越多元时，就越容易理解现实、理解人生存的大背景。学生不是没有思想和灵魂的躯壳，他们在走进学校前就有了丰富的经历，教师应当让学生分享这些真实的点滴，把同理心融入每个人的内心，让人与人之间的关系更加亲密。尽管在网络社会中，人们通过在线聊天、论坛交流等方式加强了互动，在某种层面上发展了同理心，但是网络世界给人的感知度极其有限，而同理心必须由实体感知和当面交互去完善。所以，在现实生活中，学校应努力创设一个和谐、温馨和亲切的氛围，唤醒学生的同理心。对此，高校在人才培养的过程中要充分发挥同理心的驱动作用，善于把握学生的心理特征，合理引导学生积极成长，并将此驱动作用视为一种公民责任。这不仅能保障高校培养人才的质量，也有利于建立人与人之间的亲密关系，促进社会迅速发展和全面进步，引导人们对文明与和谐的美好社会的共同追求。

四、师生关系向新型松散而持久的"师徒制"转变

高校师生关系是指在高校教育场所，通过知识传授、信息交流、情感沟通等方式，为促进学生的健康成长，由大学教师和大学生共同构成的一种交互关系。良好的高校师生关系一方面能保障教育教学活动的顺利进行，使教师和学生的精神得到扩展，灵魂得到交流；另一方面能促使教师和学生都朝着积极的方向发展，让师生关系处于良性循环的状态。

在传统的高校教育中，教师是知识的权威，学生是知识的被动接受者，这种角色定位决定了教师和学生是两个完全对立的个体，师生的交往处于一种由教师向学生单向流动的

状况，师生关系缺乏平等性和互动性。在"互联网＋教育"的冲击下，教师不再居主体地位，整个教学过程是以学生为中心进行的，学生可以根据自身喜好选择课程，自定步调管理学习进度。此时，师生之间的关系是一种平等互动的关系，学生在学习中的主动性得到发挥，教学的信息传递也变为了双向互动，这使得教师与学生的关系变得更加密切。面对"互联网＋"模式下师生关系的种种变化，为促进高校又好又快地发展，师生关系也须做相应转变，向着松散而持久的"师徒制"方向发展。

（一）一对一互动的"师徒制"

师徒制是指以促进个体发展为目的，以一对一指导和如影随形的观摩为基本方式，徒弟跟随师傅习得知识和技能、领悟人生真谛的一种学习模式。在我国古代，私塾教学和与建筑、纺织等有关的应用型技术皆由师徒制传承，培养了一大批优秀人才。这种教育模式也广泛运用于西方国家，在中世纪，古希腊和欧洲的教师和工匠总是以广招学徒的方式来传道授业，推广学识或技艺。作为一种古老的教育模式，师徒制有着内容全面、学做一体等诸多优势，尤其利于师徒关系的发展。因此，在现代互联网信息资源的帮助下，高校应该摒弃传统师徒制中的师道权威，借鉴其中一对一长期合作与指导的伙伴关系，让教师更好地持续关注每一个学生的个体需求，促使师生关系向一对一互动的新型师徒制转变。为此，可充分利用网络，搭建传统师徒一对一指导的伙伴式教学与现代信息技术相融合的便捷交互平台，使一对一的教学方式在时间和空间上得到延伸，这样既能克服传统师徒制的局限性，又给师徒制赋予了新的意义，进一步加强了教师和学生之间的互动，使师生关系变得和谐稳定，使教育教学走向对话和交互。

（二）终身指导的导师制或亲友制

1965 年，保罗·朗格朗首次提出终身教育的概念，他明确指出，终身教育不是一个具体的实体，而是某种思想或原则的泛指，代表了一个人一生的教育与社会全部教育的总和。终身教育打破了传统学校教育的局限，有利于社会的进步和个人的发展。随着这一概念的发展，终身学习也开始受到重视。欧盟把终身学习定义为一种为了提升知识和能力、为了个人和社会的发展而进行的学习，包含生活中所有发生的学习行为。日本、韩国、英国、澳大利亚等诸多国家都在积极建构本国的终身学习体系，推动学习型社会的建设。我国虽然对终身学习这一概念的引进相对较晚，但是自 1979 年《学会生存：教育世界的今天和明天》一书出版以来，到 2009 年，我国提出要建设"学习型社会"的城市超过 60 个，部分省份也出台了相关政策并开始具体落实，如上海市在 2009 年 4 月全面开通了终身学习网，可容纳 40 万人进行在线学习。

随着终身学习理念的深入人心，在新时期，高校教师教书育人的职责也不能仅局限于学校教育的年限内，而应扩展开来，成为终身指导型的教师，师生关系也应向终身指导的导师制或亲友制发展，更大程度地满足学生的学习需求，让社会呈现出人人皆学、时时能学的景象。

基于信息时代的特点，未来终身指导的导师制或亲友制的形成应做好以下几点：第一，终身学习的理念应渗透高校教育的全过程。学校是探究和传承知识的地方，更是通过潜移默化启迪人思考的地方，是将各种先进理念付诸行动的心灵栖息之地，只有将终身学习的理念融入学生内心深处，让他们意识到终身学习的重要性，他们才会保持一颗积极向上的心，如饥似渴地探索求知。第二，师生之间的交往应以教育信息平台为载体进行。"互联网+"技术平台飞速发展为终身教育的实现提供了机会，搭建一个面向社会、覆盖面广的信息平台，可为每个人提供个性化服务。利用教育信息平台，教师与学生之间无须面对面就可取得联系，学生无论处于何地都能得到教师的指导。随着社会的发展，终身学习成为个人发展与社会进步的必然，师生关系越来越密切，教师成为终身导师也将是必然趋势。

第二章 高校教育管理的基本理论

21 世纪以来，科学技术有了长足的发展，国力竞争日趋激烈，全球化体现在社会发展的各个层面。高校教育的全球化发展日渐重要，在高校改革尤其是高校教学改革的不断深化中，教学管理工作的改革显得尤为重要，成为提高教育教学质量的关键因素之一。《国家中长期教育改革和发展规划纲要（2010—2020 年）》明确指出："严格教学管理。健全教学质量保障体系，改进高校教学评估。充分调动学生学习积极性和主动性，激励学生刻苦学习，增强诚信意识，养成良好学风。"高校要全面提高教学质量、促进科学发展，不仅要加强办学条件、教学设备等硬件建设，更需要强化教师队伍、管理人员队伍的专业性等软件建设。在新形势下，教学管理队伍作为管理工作的主体，其素质、能力与管理水平直接影响着高校教学工作的稳定、发展和提高，直接影响着高校的教学质量和未来发展。建设一支职业道德、专业思想、专业知识、专业能力和专业品质成熟的教学管理队伍，对于高校的科学发展具有重大的价值和意义。

教学管理工作是高校管理的中心工作，是高校维持正常教学秩序、实现人才培养目标、提高教学质量的保证。教学管理队伍是教学管理工作的主体，是教学管理工作的执行者，是学校的重要组成部分。高素质、高水平的教学管理要求建设一支结构合理、队伍稳定、服务意识强、创新能力强的专业化、职业化的管理队伍。高素质的教学管理队伍是有效促进高校教育教学质量、突出培养优势和管理特色、保证高校未来可持续发展的重要人力保障。

第一节 高校教育管理的内涵

一、管理的内涵

管理一般是指在特定的环境下，对组织所拥有的资源进行有效的计划、组织、领导和控制，以便完成既定的组织目标的过程。管理是人们依据社会发展的客观规律和在特定历史条件下有意识地调节社会系统内外的各种关系和资源，以便达到既定的系统目标的过程。很显然，这两个表述并不矛盾，只是表述的方式稍有差别而已。前一个表述直接一些，比较简练直观；后一个表述宏观一些，是从社会系统的角度进行表述的。

管理的含义包括以下三个方面：

第一，管理是为实现组织目标服务的，是一个有意识、有目的的活动过程。管理是任何组织都不可或缺的，但绝不是孤立存在的。只要有组织及其活动，就存在管理问题。就管理本身而言，管理不具有自己的目标，不存在为管理而管理，没有活动也就不存在管理问题，管理是依附于活动而存在的，组织活动的目标就是管理的目标，而管理是服务于组织目标的。

第二，管理活动是通过一系列相互关联的资源要素进行的，管理工作就是要综合运用组织中的各种资源要素，通过计划、组织、控制等来实现组织目标，达到活动的目的，这是管理的基本职能。

第三，从管理本身来讲，管理活动应该按照自己的规律进行，但现实管理活动的资源并不是孤立存在的，管理工作是在一定环境条件下进行的，管理是一种社会活动，有效的管理必须充分考虑组织的特定环境。

一般管理理论最早诞生在法国。当泰勒及其追随者正在美国研究和倡导生产作业现场的科学管理原理和方法的时候，大西洋彼岸的法国诞生了组织管理的理论，被后人称为"一般管理理论"或者"组织管理理论"。与泰勒主要研究基层作业的管理理论不同的是，一般管理理论是站在高层管理者的角度研究组织管理问题，在此基础上，现代管理理论的研究发展很快，形成了许多管理的经典理论和体系。根据研究对象的不同，管理可分为广义的管理和狭义的管理。广义的管理可以是针对大自然中的万事万物的管理；狭义的管理只是针对某项具体活动，以及这些活动中的资源所进行的计划、组织、领导、控制。人们研究的管理通常是狭义的管理，即组织管理、行为管理、活动管理。活动的结果实际上是人的能动性的结果，管理的实质是人，是管理者与被管理者之间矛盾的解决。因此，管理就是管理者、被管理者、事项三方形成的特定的活动。

对于管理的分类，一是从活动的规模方面，可以分为宏观管理和微观管理；二是从具体的活动内容方面，可以分为综合管理和专项管理。另外，从管理的形式上，又可以分为紧密管理和松散管理。当然，这些区分也只是相对的。

二、管理的基本理论

管理理论有很多，随着现代社会的发展，人们认识水平的不断提高，社会活动的不断丰富，管理理论也在创新，在发展。系统管理理论、人本管理理论、目标管理理论、标准化管理理论、组织管理理论、模糊管理理论、混合管理理论等只是众多管理理论中的一部分，它们既是管理的理论，也是管理的思想和方法。

（一）系统管理理论

系统管理理论指出，管理的任务就是协调系统中的各个子系统以及系统要素，以保持系统的动态平衡，取得系统最佳运行效果。这种管理理论及其方法的核心是把管理作为一个整体的系统，系统就要有系统要素，系统要素就是人、物、活动及其项目。这种管理的理论和方法一般应用在大的军事战略、建设工程、大型活动（内容复杂、组织规模大、投入量大、长时间与长周期）较为合适。当然，这也只是相对的，因为大和小本身都是相对而言的。

（二）人本管理理论

人本管理理论是以人为中心的管理，实际上，这种管理是最难以做好的，如果把握不好，有时候会出现偏误。有效的人本管理实质上是人的权力的利用和利益的分配，在这种过程中，既要尊重人，又要让人的潜能充分发挥。以人为本的管理目的就是发掘人的最大潜能，这种潜能并不只是被管理者的，也是管理者的。管理者的潜能是工作的积极性和表现出来的工作效益，被管理者的潜能是管理者的思想施加结果的体现，二者结合才能达到管理的最佳效果。

人本管理理论虽然是一个相对比较早的管理理论，但是在实践中成熟应用得并不是很多。究其原因，传统的、单纯的人本管理理论十分强调管理的"人"的素质，可以说，低素质的人是绝对运用不好人本管理理论的，一个管不好自己的人同样也管不好别人，更不用说有效地运用好人本管理理论了。不过，现代的人本管理理论加入了一些新的元素，即在人本管理的基础上加入制度管理，形成一种新的人本管理理论，这可以说是现代人本管理理论的发展。

（三）目标管理理论

目标管理理论是一种与利益相关联的刚性管理模式。这种管理理论和方法实际上是与价值理论密切相关的，甚至可以说是以价值理论为基础的。目标管理理论要有一个预先设置的价值目标，然后以这种价值目标的实现为核心而展开管理活动。对价值目标的认同是目标管理的前提。目标管理理论强调组织目标的制定要得到所有组织成员的认同，没有认同感的组织目标是不切实际的目标，是难以达成的。有人说目标管理只注重结果，这是十分错误的。最新的目标管理理论不仅注重管理活动的一头一尾，除了最先确定价值目标、最终对完成价值目标的检验外，还对过程实施严格监督，让目标按既定的方向完成。目标管理的目的不是既成事实，而是要让管理者与被管理者通过共同努力，一步一步向既定目标靠近。实现以价值目标为中心的目标管理活动是一种刚性的量化管理，因此执行也是刚性的。目标管理理论除了注重价值目标外，在具体的应用中还要注意公平问题，这是由目标管理理论的刚性所决定的。

（四）标准化管理理论

标准化管理理论是在专业化管理的基础上，由管理者组织专家制定管理的标准，并通过一定的法律程序予以确定。这种管理的思想十分明确，最朴素的道理就是"没有规矩不成方圆"。标准化管理虽然是组织和专家行为，但标准并不是武断的，而是既要有权威性，又要有社会基础和群众基础，是通过科学的过程制定的。在这个过程中有两个十分重要的环节，一个是标准的制定，一个是标准的执行。其中，标准的执行是标准化管理的核心，有时候可能是成功的关键。在管理活动中，有了标准不好好执行，或者执行起来走样，必将导致标准化管理的全面失败。当然，这不是标准化管理本身的问题，而是实施标准化管理的实践问题。

（五）组织管理理论

组织管理理论的实质是最高决策层设置管理的各级组织，规定各级组织的职能，通过领导核心、组织授权、组织实施等进行的管理。组织管理的重点是组织结构的设计，关键是组织职能的授权。组织管理理论要有严密的组织结构，要有明确的组织目标和组织功能，同时，还要有一套有效的组织运作机制，否则，再科学的理论，再完善的组织功能，没有好的运作机制都不可能活起来，组织管理活动也不可能有效地展开。

（六）模糊管理理论

模糊管理理论是一种现代的管理思想和方法，它运用模糊数学的管理思想与技术进行管理。这是一种在高层次人群中实施的管理行为，是一种软性管理。简单管理没有必要运用模糊管理，只有在复杂的、庞大的、中长周期的、高智商的管理活动中，模糊管理才能发挥其最大作用。

（七）混合管理理论

实际上，在组织活动中，特别是比较大的组织活动中，常用的是混合管理模式。混合管理是多种管理思想和方法的组合，在规模比较大的组织中，管理的内容比较复杂，头绪很多，活动项目的性质差距较大，运用某一种管理方式来进行全盘统领往往是不可能的，最好的方法是运用混合管理来完成。

三、高校教育管理

高校教育管理是根据高校教育的目的和发展规律，调配高校教育资源，调节高校教育系统内外的各种关系，进行计划、组织、领导和控制，以便达到既定的教育目标的过程。

从教育管理的层面来讲，高校教育是中等教育基础之上的教育，因此，它是指高校教育这一层面上的管理。

　　从管理的分类来讲，高校教育管理可以分为宏观高校教育管理和微观高校教育管理。

　　从管理的内容来讲，高校教育管理可以分为战略规划管理、宏观调控管理和教育活动管理。

（一）高校教育管理的依据

　　高校教育管理的概念首先指明了高校教育管理活动的依据是高校教育的目的和发展规律。高校教育的目的是为社会提供各级各类高级专门人才。各级各类高级专门人才的教育是指：在类别上是普通高校教育、成人高校教育；在性质上是公办高校教育、民办高校教育；在层次上是专科教育、本科教育、研究生教育。这些教育的目的和目标是管理的根本依据。高校教育影响学生的身心发展，其通过德育、智育、体育、美育等过程，培养全面发展的人。只有把人作为社会关系的总和来看待，才能对人的发展有全面的理解。因此，各级各类教育过程都有其自身的客观规律，只有正确认识它们的客观规律，才能实施科学的管理。高校教育必须受到一定社会经济、政治、文化的制约，并为一定的经济、政治、文化发展服务。因此，生产力和科学技术的发展水平，社会的制度、文化传统都对高校教育活动产生制约。无论是国家宏观的高校教育发展政策的制定，还是高校培养人的过程，都必须遵循高校教育的目的和高校教育发展的客观规律，这也是高校教育管理的出发点。

（二）高校教育管理的任务

　　高校教育管理的概念指出了高校教育管理的任务，那就是有意识地调节高校教育系统内外的各种关系和高校教育资源，以适应高校教育发展的客观规律。从一个国家或者地区来讲，高校教育系统是国家或者地区社会系统中的一个子系统；从高校教育组织系统来讲，高校也是一个子系统。由于系统中存在着多种矛盾，因此，高校教育管理的任务就是协调并最终解决系统中存在的矛盾。在高校教育管理中，要用系统论的思想来设计高校教育的整体和各部分之间、要素与要素之间、学校系统与外部环境之间、学校系统内部的子系统之间的相互关系，树立整体的观念，并通过有效管理实现系统要素间的整体优化。

（三）高校教育管理的目的

　　高校教育管理的概念还指明了高校教育管理的目的是不断促成高校教育系统目标的实现。在高校教育系统中，培养人是根本目的，高校教育系统的一切工作（包括管理工作）都必须围绕这一目的展开。高校教育管理是对高校教育系统中各种关系和资源的协调，通过有效管理，确保高校教育目的的实现。因此，高校教育管理最终也只是手段。当然，高校教育管理有其自身的需要，其自身也有目的，如效率就是管理的目的之一。

　　综上所述，不论是宏观的高校教育管理，还是微观的高校教育管理，依据的都是国家的教育方针，组织的发展目标，高校教育的基本规律，社会政治、经济、文化的发展背景与环境,通过立法、行政、经济、市场等手段进行协调和控制,保证高校教育人才培养质量、推动科学文化知识创新、促进社会进步等目标的实现,最终实现高校教育的可持续发展。

第二节　高校教育管理的本质

一、高校教育管理的行为

(一)管理行为

管理行为具有特殊的表现形式,它是管理过程和效果的具体体现,过程和效果反映了管理活动的基本特征。要认识管理的过程和效果,必须首先分析管理行为,以及这些行为与效果有什么关系。

管理方格理论是由罗伯特和穆登提出来的。基于人们对主管人员的要求——不仅要关心生产,而且要关心人的重要意义,他们巧妙地设计了方格图以醒目地表示这种"关心"。他们把这种方格图作为训练主管人员和明确各种领导方式之间不同组合的手段。这种方格有两个维度,横向维度是"对生产的关心",纵向维度是"对人的关心"。"对生产的关心"一般是指对工作所持的态度,诸如程序与过程、研究的创造性、职能人员的服务质量、工作效率以及产品质量等。"对人的关心"包括许多因素,诸如个人对实现目标所承担的责任、保持下属的自尊、建立在信任而非顺从基础上的职责、保持良好的工作环境以及具有满意的人际关系等。

管理方格理论列举了以下几种类型的领导方式:

一是贫乏的管理。为完成工作和保持组织士气所需要的最低限度的努力。这种主管对职工、对生产关心很不够,只以最少的努力去完成应做的工作。这种管理是很少见的。

二是权威与服从管理。以几乎不考虑人的因素影响的方式安排工作,获取效率。领导只关心生产,试图把人的因素降到最低程度,以达到完成生产任务、提高效率的目的。

三是乡村俱乐部管理。周到地注意人的需要而形成友善的组织气氛和顺畅的工作进度。领导者非常注重职工的需要,注意建立良好的人际关系。这种领导认为,只要职工心情舒畅,生产就能搞好,因此,他试图通过创造良好的工作环境、良好的人际关系来提高工作效率。

四是协作管理。这是一种松散的管理模式,以一种协作者的心态,由所委任的人完成工作,委任双方因在组织目标上有共同利害关系而互相依赖、互相信任和尊重,并且互相协作。

根据管理方格理论,领导者可以对自己的行为做出评价,但是理论并未告诉我们,为什么一名主管人员会处于方格图中的此处或彼处。需要指出的是,"最好的"方式也只是从理论上说的，要领导者都成为理论上那样的人也是困难的，每个领导者都应根据不同的环境和因素选择不同的管理方式和管理行为。

（二）行为类型

在教育行政管理中，哈尔平等人总结的管理内容大致有两类：一类是创建组织机构的行为（为了实现组织的目标），一类是体贴关心下属的行为。哈尔平的分类体系在西方教育行政管理中是很著名的。创建组织机构的行为是指领导者在描述自己与集体成员之间的关系时，致力于建立被充分限定的组织的类型、建立信息交流渠道以及具体实施过程中的所作所为。这主要包括领导者为实现组织目标而与下属产生的各种相互作用，让下属了解自己的意图和态度；与下属一起实验或实施自己的新想法和新计划；指定下属去完成某些特定的任务；对工作进行检查和评价；制定推行某些标准、制度和规范；促进下属之间的相互合作等。体贴关心下属的行为是指领导者在与下属的相互关系中表示友谊、信任、尊重、温暖、支持、帮助以及合作的行为，表现为对下属表示理解与支持；愿意倾听下属的意见；关心下属的个人利益；尽量与下属商量问题，让他们参与组织计划；平等公正地对待下属；乐意进行改革；及时将下属的建议付诸实施等。

（三）领导行为

高校教育管理中的领导行为是一种主要的管理行为。这种管理行为同样可以分为两类，即创建组织机构的行为和体贴关心下属的行为。高校教育管理的领导行为所针对的组织系统、组织目标、组织成员人际关系等都有自己的特殊性，与其他许多社会系统的情况有所不同。比如，在高校的管理中，领导者要全力完成的是教学任务和科研任务，两者又以人才的培养为核心。但是要搞好教学与科研工作，领导者就必须抓好有关的后勤配套工作，同时从各方面关心和支持一线的教学、科研人员。从理论上讲，领导者可以调整自己的行为，以适应某一特定的环境和任务。在实践中，领导者不能、也不应该只关注某一类行为，而应当根据具体情况决定采取什么样的领导行为。当然，在这种时候，领导艺术是帮助领导者取得成功的手段。在宏观高校教育管理中，国家和地方政府对高校的管理内容之一是规范高校的办学行为，高校既要按照国家的政策规范办学，又要办出各自的特色，这既是矛盾的，又是统一的，但最终的目标是一致的。具体地讲，在完成高校教育目标的过程中，为实现目标而履行领导的职责时，需关注的领导行为主要有以下几种：

1. 行政领导者的行为

行政领导者的行为主要包括各级管理者作为负责人行使领导职责时的行为。领导者的职责就是对目标的实现或目标的改变所需的集体活动进行激励、协调与指导。如果不能做到这些，那就是对领导责任的放弃。一般来讲，到了高校这一层面，领导者的行为要对高校教育主管部门负责。各高校围绕教育系统目标进行的活动在形式和内容上各有特色，即使是同一专业、同一课程的教学活动，在各校之间也是不完全一样的。由于各校的教师、学生在知识水平、能力结构、兴趣爱好、心理需要以及性格特征、校园文化等方面存在着明显的差异，各高校的领导者为完成组织目标而行使领导职责时，所面临的环境和条件也各不相同，所采取的领导行为当然也是不相同的。

2. 组织集体中的领导行为

高校教育系统中的各级领导者要为组织目标的顺利实现创造各种各样的条件，对于组织目标的顺利实现而言，领导者的行为所产生的作用分为直接作用和间接作用。

直接作用包括创建某些专门的组织机构和程序、指定专门的人去负责完成某项或某方面的工作、对下属的工作进行检查与督促、聘请某一方面的专家等。

间接作用指不直接参与各类具体的计划，但对计划的制订以及实施过程施加各种形式的影响。譬如，提倡某种领导风格、实施某种奖惩措施、颁布某类晋升标准等做法都会对各项具体工作的开展产生重大影响。换句话说，虽然领导者的行为不会对某些特定的具体活动产生影响（即起直接作用），但却对这些活动顺利开展并取得成功所依赖和借助的各种组织机构、过程和程序产生了影响。

组织集体中的领导行为有时候是会起积极作用或者干扰作用的，因为领导行为具有权威性，所以，领导行为应该是分层的、积极的、适度的、有效的。所谓领导行为的分层就是指各级的领导行为是有区别的，下一级的领导不能做上一级领导的事，否则就是越级行为。领导行为的积极性是指领导的行为对于组织的作用是正面的，不会产生负面影响，否则，领导的行为肯定是错误的行为。领导行为的适度不分哪一级，哪一级领导的行为都必须要有一个度，超过了这个度，可能适得其反。有效的领导行为对管理活动产生好的影响，是与管理活动的结果相辅相成的，领导行为有效与否，由管理活动的结果来检验。

二、高校教育管理的目标和方法

高校教育系统相对于其他社会系统而言有其独特的活动主体和活动目标，这就使高校教育管理同其他社会系统的管理区别开来，表现出它的特殊性。高校教育的总目标是培养高级专门人才、发展科学技术，并与社会经济发展的需要相适应。高校教育管理活动就是要在这一目标的指导下，把对高校教育系统的战略规划、资源调配通过制度和机制进行协调。高校教育管理的本质就是协调高校教育系统有限资源的投入与高效益地实现高校教育总目标的矛盾。

无论把高校教育系统分解为怎样的子系统，高校教育系统都必然要求各子系统在目标上协调一致，不仅要每个子系统的目标与整体目标协调一致，而且要每个子系统的目标与自己内部组织成员的个体目标相协调。更重要的是，每个子系统的目标与实现这些目标的条件之间需要相互协调，这就形成了管理活动的整体性和普遍性，即每个子系统都需要协调。高校教育系统内部的层次性使高校教育管理活动也具有层次性，这就形成了一个多层的、多级的、专门的系统，即高校教育的管理系统。协调蕴含于各子系统之间，对各子系统进行目标设计、资源筹集和分配，分析系统的活动信息，即通过政策、制度和一些技术手段协调系统成员的活动，以达到系统所设计的目标。从事这些专门活动的管理人员（或称管理者）的活动所构成的有机整体就是管理系统。

马克思对"管理"曾有过精辟的论述："一切规模较大的直接社会劳动或共同劳动都或多或少地需要指挥，以协调个人的活动，并执行生产总体的运动（不同于这一总体的独立器官的运动）所产生的各种职能。一个单独的提琴手是自己指挥自己，一个乐队就需要一个指挥家来指挥。"这段话揭示了管理所包含的以下几个含义：①管理是集体协作劳动的共同需要，即"或多或少地需要指挥"；②管理必然有管理者，管理协作对象主要是组织及其成员；③管理是执行生产总体运动所产生的各种职能；④管理的职能主要是指挥和协调他人的活动，同时把自己也处于管理活动之中，以取得成效；⑤管理的目的是取得比各个独立的运动之和更大的效益。

管理活动的普遍性指管理活动作为人类活动的一个重要方面，普遍存在于所构成的各种组织机构中。专门管理者的出现体现出社会系统在结构层次上的性质，表明个人在社会系统中具有的不同位置、作用和性质。既然管理活动中人是管理的主体，显然，权力是管理系统赖以存在的基础，权力对人的活动的约束性使人们按一定的方式组织起来，以便实现系统的整体目标，也在一定程度上体现了权力在协调中的作用。

就一个国家或地区来讲，把高校教育放到社会的大背景中，政府对高校教育的协调是使高校教育的层次、规模、结构、水平、质量、效益协调发展，与社会的政治、经济、文化的发展相适应，如果不相适应，就必须进行协调。就高校教育的组织——学校来说，它是高校教育系统中的子系统，学校的类型因区域的差别、体制的差别、机制的差异、管理者的差异等有所不同，存在着的矛盾也是多种多样的，有总体目标与部分目标之间的矛盾、有长期规划与近期打算之间的矛盾、有整体利益与部门利益之间的矛盾、有组织利益与个人利益之间的矛盾，这些矛盾如果不加以协调和解决，就会影响高校教育系统的运行和发展，也会影响高校教育效益的最优化。高校教育的协调任务与高校教育管理的本质要求是相一致的，体现了高校教育管理的基本矛盾和本质特征。2018年修订的《中华人民共和国高等教育法》中明确了高校组织和活动的范畴，高校应该做什么有了法律层面的依据。作为高校的管理者，要通过领导的权威性和艺术性来调配和协调组织内部的各种资源，实施有效的管理。

了解管理活动中冲突的本质才能对症下药地协调。冲突是指由于工作群体或个人试图满足自身需要而使另一工作群体或个人受到挫折时的社会心理现象。冲突表现为双方的观点、需要、欲望、利益或要求不相容而引起的一种激烈斗争。冲突是人类社会的一种普遍现象，它具有有利和有害两种结果。从有利的方面看，冲突的解决能促进组织的发展，可以增强干劲，形成一种激励力量；它还能促进交流，诱发创新。从有害的方面看，冲突使人产生情绪压力，影响人的身心健康，剧烈冲突带来的破坏会浪费资源，不及时解决冲突会影响组织运转，破坏组织目标的实现。因此，必须探讨冲突产生的根源及其解决途径和方法，便于协调。

一般来说，在集体组织成员之中总会存在许多不一致，其中，某些不一致可能上升为矛盾，这些矛盾关系中比较激烈的便会转变为明显或不明显的冲突。冲突一般分为三种类型：第一类是认知性冲突。由信息因素、知识因素、价值观因素等引起的冲突都属于认知性冲突，这种冲突随着双方认识趋于一致就能得到缓和。第二类是感情性冲突。这是一种由非理性因素引起并为这种非理性因素所控制的冲突，也可能是由认知因素诱发，最后为非理性因素所支配的冲突。个性相抵是这种冲突最常见的诱因，它持续时间长，破坏性大。第三类是利益性冲突。这是一种由本位因素引起的目标冲突。社会中的个人和群体在处理问题时所关心的利益不同，从本位出发就可能引发矛盾和冲突，伴随利益的再分配，这种冲突可以克服。在日常的社会活动中，随处存在可能导致冲突的因素，一旦有了起因，这种潜在的冲突随时会转变为现实的冲突。

产生冲突一般有以下几种原因：

一是人的"个性"。从人的本性讲，不满情绪积累到一定程度就会产生冲突，需要适度发泄。

二是有限的资源争夺。资源总是有限的，而需要却是无限的，为争夺有限的资源而产生的冲突在所难免。

三是价值观和利益的冲突。有不同经历的人价值观容易形成冲突，部门和个人也都可能因利益而产生冲突。

四是角色冲突。由于个人和群体所承担的角色不同，都有其特定的任务和职责，从而产生不同的需要和利益，因而发生冲突。

五是追逐权力。是一种欲望的争夺。

六是职责规范不清楚，导致对任务的要求有冲突。

七是组织的变动。组织的变动会导致利益的重新组合，因而产生冲突。

八是组织风气不佳。

单从冲突的结果看无外乎三种可能：一胜一败、两败俱伤、两者全胜。显然前两种结果都不是理想的结果，这两种结果往往潜伏着第二次更大的冲突，管理过程应尽量避免这两种结果。第三种结果是在双方都较满意的基础上解决冲突而得到的，这是可取的解决问题的方案，需要很好地协调，有效协调是协调的目的。

有效协调与解决冲突的方法如下：

第一，认知性冲突的协调方法。

在高校教育管理中，从宏观方面来讲，在高校教育如何适应国家政治、经济、文化的发展，每一个发展时期如何规划，高校教育发展速度的快慢，高校教育的科类层次结构等的确定上，不同的决策者及管理者会有不同的意见，甚至产生矛盾。微观高校教育管理都是非常具体的管理活动，在学校如何定位和发展，如何运用有效的教育资源，如何拟定培养目标、课程内容和培养计划，如何具体展开教学与科研活动等方面都可能出现矛盾和冲突。一般来讲，增加交换看法、交流协商的机会，消除可能由于误会与信息不全所导致的认识上的不一致，是解决矛盾冲突的方法之一，这需要领导者的权威和协调能力。具体来讲，要解决矛盾和冲突，最好的办法就是在学习和研究的基础上，在开展对高校的教育思想、教育观念的大讨论中进行认知统一；要提供公开交流的平台和场所，消除形成矛盾和冲突的原因，使组织成员和冲突各方在方向上达成一致，提高他们的认识水平。

第二，感情性冲突的解决方法。

感情性冲突是一种非理性的冲突，主要存在于微观高校教育管理活动中，是某个方面的具体事项，带有个人的感情色彩。感情性冲突的原因可能是一些微不足道的小事，也可能是冲突双方不同的性格引起的，甚至可能找不到原因。在高校教育管理中，解决这类冲突的方法一是提高组织成员的心理素质，使其具有能够承受一定的情感冲突的能力；二是提高组织成员的认识水平，让他们认识到冲突的原因是微不足道的，冲突可能会产生严重后果；三是制定合理而公正的奖惩制度，坚持规章制度的原则性，对感情用事而导致不良后果的组织成员做出处理；四是进行感情牵引，将组织成员的感情向有益的方向引导，如完善和改进目标管理，把组织成员的注意力集中到实现共同目标上去。

第三，利益性冲突的协调方法。

如果利益的消长或损益幅度不超过某一程度，则这种冲突对集体的凝聚力和组织目标没有太大的破坏作用；如果超过了某一程度，则会导致整个组织或系统瓦解。因此，需要解决并能够解决的利益冲突基本上是处于这两者之间的利益冲突。

利益冲突是冲突各方在各自追求最大利益的过程中形成的。利益冲突所围绕的中心就是利益，而利益在每个人的眼中是不一致的。一般说来，出现冲突时，组织中可能存在无数个个体利益，也可能存在多个不同规模的共同利益，但最大的共同利益只有一个。

在高校教育系统中，各子系统甚至更小的群体和个人，都有自己的切身利益。比如，高校教师在进行教学科研工作时，一方面在完成高校教育的任务，另一方面也在追求自身的利益——职务的晋升和自我价值的实现。这里，职务晋升就是引起冲突的原因之一，制定公平合理的晋升方案是解决冲突的关键。此外，在人员任免、经费分配、改革方案实施等方面，同样存在着各种利益冲突。如果忽视这些矛盾和冲突，想调动全体教职工的积极性，充分发挥他们的创造精神，就可能十分困难。

因此，在解决矛盾时，一是要通过政策法规来约束，明确整体与局部利益、局部与局部利益、个人与组织利益、组织与组织利益、个人与个人利益的关系，公平公正地解决利益冲突；二是要加强思想政治工作，把物质奖励和精神鼓励结合起来，引导矛盾双方处理好国家、集体、个人三者之间的关系，这是高校教育管理解决利益冲突的重要手段。

总之，要充分认识高校教育系统中存在的矛盾运动的规律，特别是在微观高校教育管理中，要按照矛盾运动规律来解决问题。具体来讲，个人与个人之间的矛盾主要表现在工资福利、提级晋升、表彰奖励、教育经费分配以及学术观点等方面，解决这类矛盾应遵循公正、平等的原则。在个人与整体的矛盾方面，要使个人的目标与系统整体目标相一致，当两者一致时，个人目标的实现可以通过整体目标的实现来达到，整体目标的实现是个人目标得以实现的前提。从宏观方面来讲，系统与环境之间的矛盾表现为对高校教育投资少与实现高校教育系统目标的矛盾、政府包揽过多与高校缺乏办学自主权的矛盾，这类矛盾只能通过政策、体制去解决。

但是，高校教育系统的三种矛盾是有机地联系在一起的。因此，在高校教育管理活动中，要从整体出发去解决矛盾，即进行系统、科学的管理。如果不从整体的角度去处理系统内部的矛盾及系统与环境之间的关系，看不到矛盾之间的相互关系和相互转变，那么，就会激化矛盾，破坏高校教育系统内部的稳定性，就不可能实现高校教育系统的整体目标。例如，个人的合理需要得不到满足就会抑制个人的积极性和创造性，个人在工作中就会表现出动力不足，主动精神不够。一旦个人在工作中缺乏主动性就会大大影响劳动效果，培养出来的人才质量就难以达到预期的目标。而人才质量的降低，又会引起社会上人才供需关系的变化，这种关系又反过来抑制高校教育的运行和发展。同样，如果系统的整体目标与实现这些目标的现实条件差距过大，目标就难以达到，这反过来又会挫伤人的积极性。所以，高校教育系统目标的实现过程本质上是一个系统与环境、系统内部矛盾关系不断协调和解决的过程。

其实，人们要辩证地看矛盾，特别是高校教育管理活动中的矛盾。从矛盾的普遍性来看，矛盾是有共性的，因为产生矛盾的规律是一样的。要认识到矛盾的存在是必然的，不存在没有矛盾的社会，不存在没有矛盾的管理，人的价值观各异，认识方法和认识水平各异，有矛盾是很正常的，不要因为有了矛盾就惊慌失措。

在高校教育管理中，对待矛盾与冲突要注意以下两个方面：

第一是避免人为地制造矛盾和冲突。在制定各种政策和制度时要科学合理，要经过专家论证和民主决策，不能匆忙出台不合时宜的政策和制度，为矛盾的产生埋下祸根。在管理活动中避免矛盾与冲突的办法有很多，其中之一就是管理活动的透明、公开、公正。高校教育管理的特征与企业管理有很大的差别，高校教育管理在具有行政性的同时，也是专业性很强的学术管理。行政管理需要很强的透明度，学术管理除了知识产权本就透明外，纯粹的管理活动更需要讲求透明、公开、公正。只有把握好透明、公开、公正的度，才能避免管理活动中人为地制造矛盾和冲突。

第二是实事求是地化解矛盾与冲突。矛盾与冲突在管理活动中是始终存在的，关键在于如何去化解。化解矛盾与冲突要本着实事求是的态度。首先，要敢于承担由于管理者引起的矛盾与冲突的责任，用真诚与责任来化解矛盾与冲突。其次，一旦矛盾与冲突出现，既不要过度紧张，也不要消极怠慢，要以积极的心态与行动去化解矛盾与冲突，把矛盾与冲突造成的影响降到最低。

第三节　高校教育管理的特点

事物之间的区别在于各具一定的特点。了解了高校教育管理的特点，才能遵循它的本质规律，有针对性地解决管理活动中的各种矛盾，清楚地进行各种管理活动。

一、高校教育管理目标的特殊性

高校教育目标的特殊性决定了高校教育管理目标的特殊性。高校教育的主要目标是根据高校教育的功能来确定的，因此对管理的功能与目标相应地提出了特定要求。高校教育管理就是要通过计划、组织、协调、控制等手段使高校教育更加符合社会发展的要求，符合社会生产力的要求，这些要求表现在教育的层次、结构、规模、质量等方面。在微观方面，高校教育管理要使组织中的每个成员按高校教育规律办事，更好地完成既定的目标。高校教育的目标是根据高校教育规律和社会发展对高校教育的需求来制定的，所以，高校教育的协调活动也应该以高校教育的规律为指导，而不能简单地照抄企业管理的方式方法。从这个意义上说，高校教育的微观管理是以更好地培养人才并且以提高人才的质量为根本目标的管理活动，它无法以经济效益为目标。

在市场经济体制下，高校教育要不要考虑经济效益的问题，一直以来都是政府行政管理部门闭口不谈的问题，好像一谈经济效益就乱，就偏离教育方向，而不谈经济效益就"死"。因为在市场经济体制下没有不讲经济效益的组织，没有不讲经济效益的管理活动。与行政管理、企业管理等其他管理不同的是，如何将社会效益和经济效益有机地结合，纳入高校教育管理的目标中，处理好社会效益与经济效益的关系，是高校教育管理工作者值得研究的问题，这也正反映了高校教育管理目标的特殊性。

高校教育管理具有两个最基本的目标功能：一是尽其所能将系统内的各种关系和资源凝聚起来，形成一个整体，也就是管理的"维系"功能；二是围绕整体目标，最大限度地发挥要素的主动性、积极性，以更好地实现高校教育系统的整体目标，这也就是管理的"结合"功能或"放大"功能。

二、高校教育管理资源的特殊性

高校教育管理资源的特殊性具体表现在三个方面。

第一，高校是由一部分高级知识分子组成的特殊的群体，组织及其成员的特殊性就构成了高校教育管理资源的特殊性。组成高校教育系统的主体要素之一是教师，是掌握和创造专门知识的群体。因此，对他们的管理要符合这一群体的特征。另外，高校教育系统的主体成员是学生，是一部分18岁左右、受过完整中等教育的青年，对他们的管理要符合他们此阶段身心发展的特殊性。高校教育系统组成人员的特殊性使高校教育管理存在着一种特殊的管理现象，这种现象强调和要求自我管理。应该说，自我管理是任何管理中都存在的一种现象，但是，在高校教育管理中，自我管理尤为重要，它是一种促进身心发展的自我管理。管理对象需要培养自我组织、自我发展的能力，他们的心理特征也表明，在教育过程中，让其发挥自我管理的能力，可以更好地促进其发展。所以，管理对象的特点是高校教育管理最重要的特点。

第二，教育经费的管理是一项复杂的工作，因为它的用途是复杂的，有时候还不能用绝对的量化管理来处理，有时候投入不能在短期内见到成效，经济回报率低。这就是高校教育的经费管理有别于企业管理、行政管理、经济管理等的特殊性。

第三，教学与科研物资的管理特殊性表现在这类资源不完全是生产性资源，而是建立在教学科研功能上的，是为了完成教育教学、实验实习、科学研究等活动的，它不是一套设备，而是教学实验和科学研究的基本平台。

高校教育资源的特殊性构成了高校教育管理的特殊性。高校教育资源是指整个社会用于教育领域的人力、物力和财力的总和。有效的可利用资源是指高校教育的主办者对高校教育的投入所形成的资源，主要表现在经费投资方面。社会用于教育的资源又与社会中的区域发展相关联，与政府对教育的投资相关联。教育是一种事业投资，但它的投资对象又决定了它不可能完全是事业投资。事业投资的对象主要是公共事业，公共事业是针对大众的，基本上所有的民众都可以享受到。而高校教育的对象不是单纯享受公共事业的群体，因为高校教育还没有普及，它就不可能是一种完全的事业行为。虽然高校教育的结果回报了社会，但是受教育者只是整个社会群体中的一部分。那么，为什么不能普及高校教育？这是由高校教育的资源有限性决定的。从一个方面讲，高校教育的投入来自政府、学生家长、学校自身和社会的多方融资，这构成了高校教育投资的特殊性，也就决定了高校教育资源的特殊性。

马克思指出："要改变一般的人的本性，使他获得一定劳动部门的技能和技巧，成为发达的和专门的劳动力，就要有一定的教育或训练，而这就得花费或多或少的商品等价物。"要进行教育活动，首先需要从社会的总劳动力中抽出一部分劳动力，这就是从事教育的劳动者和进入劳动年龄的受教育者，他们要消耗一定的学习资源、生活资源，还必须有一定的物质条件，如校舍、图书、仪器、设备等。高校教育财力资源不是自然资源，不是可以通过生产方式就能生产制造出来的，而是要通过长时间的打造和培育，随着社会的发展与需求逐步形成的。在满足了再生产以后，社会所能用于教育的资源就很有限了，难于满足社会和个人对教育的需求，这也是教育管理中的一对特殊矛盾。因此，如何去获得更多的教育资源，如何有效地使用稀少的教育资源，就成为社会和教育领域共同关心的问题。高校教育资源投资的特殊性构成了高校教育管理资源的特殊性。

三、高校教育管理活动的特殊性

从宏观高校教育管理来看，高校教育事业具有很强的战略性和前瞻性。高校教育管理活动整体的发展规划关乎长远的问题，需要许多专家来完成，活动的内容涉及民族文化、区域经济、人口发展、科学技术水平、社会环境等方面。

从微观高校教育管理来看，高校教育管理活动的特殊性最主要的表现特点之一就是要协调学术目标与其他目标之间的矛盾。学术目标是一种高智力劳动的追求，除了个体的高智力劳动外，同时还要强调高智力劳动的结合、高智力劳动者的团结协作。

高校教育系统的主导性活动是传授知识、创造知识，高校教育所培养的各类专门人才的优劣和高校所提供的各种成果的好坏主要是通过学术水平和应用价值的高低来衡量的，管理活动的学术性十分强，而这种学术性不可以用一般行政性的方法进行管理。因此，学术目标的组织、协调、实现等是高校教育管理活动中的特殊矛盾，这就要求高校教育管理活动一定要重视学术这一特殊目标。

高校教育组织中的教学活动是教与学的双边关系，高校师生是一个特殊的群体，在完成教学目标和管理目标的过程中，师生参与到具体的教学管理活动中，要达到双边认知认同，教学民主就显得更加重要。教职工是高校教育系统中的能动力量，是实现高校教育管理目标的智慧源泉。想要发挥他们的智慧和力量，学术自由是高校教育管理者必须考虑的问题。高校教育系统中实行学术自由将激发教职工与学生极大的能动性，使大家在信任中受到鼓舞，在学术自由这个平台上施展自己的才华，在学校的管理活动中真正成为中坚力量。

第四节　高校教育管理的原则

高校教育管理的原则是根据一般管理学的原理提出的，同时又特别适用于高校教育管理领域。它必须全面、准确地反映高校教育管理活动的特点、本质与规律，它在理论上是完备的，在实际工作中又是切实可行的，能覆盖整个高校教育管理活动领域，普遍有效地指导高校教育管理实践活动。根据前面对高校教育管理原则确立依据的分析，高校教育管理原则应该包括以下五个方面：

一、高校教育管理的方向性原则

管理是一种有目的的活动，管理工作必然有方向。管理成效的大小首先取决于方向是否正确。任何管理都是为了实现一定的管理目标，管理目标是管理活动的前提，管理目标体现管理的方向。教育是培养人的社会活动，就其本质来说，教育必须与一定的社会政治、经济相适应，并为其服务。不论什么社会性质的高校教育，"培养什么样的人"都是一个根本问题，是高校教育目标的核心，它集中体现了高校教育管理的方向。

新时期我国的教育方针是："坚持教育必须为社会主义现代化建设服务、为人民服务，必须与生产劳动和社会实践相结合，培养德智体美劳全面发展的社会主义建设者和接班人。"这一方针明确体现了我国高校教育的政治方向、服务方向、教育目的和实现教育目的的基本途径。

首先，要坚持社会主义的政治方向。任何一种社会制度都会以它的意识形态教育和影响学生。高校教育管理必然受一定的生产关系和国家的政治经济制度的制约。我国作为社会主义国家，要求高校教育必须以社会主义意识形态教育和影响学生，为社会主义建设培养具有坚定政治方向的建设者和接班人。因此，要明确我国的高校教育是具有社会主义性质的，要为社会主义服务，坚持社会主义的政治方向。如果不首先明确我国高校教育的社会主义性质，那就谈不上有正确的办学方向。坚持社会主义的政治方向，要有现实针对性。随着信息技术的发展，发达国家凭借技术优势成为主要的信息输出国，控制全球信息与通信的命脉，影响着几乎所有国家。因此，我们必须坚持高校教育管理的社会主义政治方向。

其次，要坚持为社会主义经济建设服务。2021年修改的《中华人民共和国教育法》指出，"教育必须为社会主义现代化建设服务"。这里所说的"服务"是全面的，既包括为社会主义政治建设服务，也包括为社会主义经济、文化建设服务。在社会主义现代化建设中，始终要以经济建设为中心。高校教育的根本任务是培养人才，高校教育为社会主义现代化建设服务，主要是通过培养社会主义经济建设需要的人才来实现的，这是高校教育的服务方向。

高校教育要坚持社会主义政治方向，同时要服务于经济建设这个中心，主动适应经济和社会发展的需要。高校教育从两个角度规定了高校的办学方向，各有侧重，相辅相成，两者并不矛盾。政治方向是从高校教育的社会性质来讲的，服务方向是从高校教育的工作任务和目标来讲的。政治方向规定了服务的社会主义性质，服务方向体现了坚持社会主义政治方向的实际内容。因此，不能说高校教育的方向性只指政治方向，而没有别的内容，这是不全面的。社会主义高校教育的方向就是坚持为社会主义现代化建设服务。

二、高校教育管理的高效性原则

任何管理活动，其基本目的都是提高组织系统的效率和效益。管理效率和效益的关系是与管理目标联系在一起的，目标正确，效率就高，效益就好；管理效益的大小就是在消耗一定的人力、物力、财力和时间等资源的条件下，实现管理目标的程度高低。

高校教育管理的高效性原则是高校教育管理本质的具体化，它要求以一定的高校教育资源投入，培养和提供更多的高级专门人才和高水平的研究成果。

高校教育所产生的效益是多方面的，它既能促进生产力的发展，又是建设精神文明不可或缺的手段，是社会得以延续和发展的重要条件，这些主要体现在提高劳动者素质和培养人才的数量和质量方面。同时，高校教育在发展科学文化技术方面的作用也是十分重要的。高校教育是需要大量投入的事业，而发展高校教育的资源又是有限的，它靠社会提供，既受社会经济发展水平的制约，又受社会政治制度、管理体制和人们教育观念的制约。因此，高校教育管理既要注重经济效益，即以较少的投入培养更多的人才，注意节省人力、物力和财力，又要注重社会效益，即坚持办学的政治方向，全面提高高校教育的质量。

三、高校教育管理的整体性原则

高校教育管理的整体性原则既取决于高校教育系统的整体性，又受制于培养高级专门人才的高校教育目的。高校教育管理的整体性原则可以表述为以培养人才为中心，科学地组织各方面工作的有效配合，并充分考虑社会环境中诸因素的影响。

高校教育的根本任务是培养人才。培养人才不仅要组织好教学工作，还必须有思想教育工作、师资培养工作、科学研究工作、后勤管理工作等与之配合。除了培养人才的职能以外，高校还有开展科学研究的职能和直接为社会服务的职能。高校教育管理的目标和内容不是单一的教育教学活动的管理，而是包括教育、科学研究和直接为社会服务等活动的综合管理。不论是培养人才、开展科学研究还是为社会服务，都与社会系统紧密相关，都必须与社会经济、政治、科学文化相适应，因此，必须把高校教育管理放在整个社会环境中考虑。

高校教育管理要以培养人才为中心，各方面活动的开展都要服从于培养人才这个首要任务。就政府对高校教育的宏观管理来说，首先要做好培养人才的决策和宏观控制，包括人才培养的预测规划、总体规模、发展速度、结构布局等，以及通过立法、拨款、组织、计划、协调、检查评估等手段，保证培养人才的数量和质量。就高校的管理来说，各部门的工作都要面向学生，教学和思想教育工作要遵循人才成长规律，科研、生产工作要与教学工作结合，后勤工作要为教学和科研服务，而不能各自为政，各行其是。

高校教育管理要处理好教学和科研的关系，使两者相互结合、相互促进。教学是高校培养人才的主要方式和基本途径，但是，不能把教学工作仅理解为课堂讲授。教学活动既包括通过课堂讲授使学生学到间接知识，也包括指导学生获得直接知识和掌握学习方法。因此，教学是传授知识、发展智力、培养能力和形成良好思想品德的综合过程。科学研究是培养人才的重要途径，把科学研究引入教学过程是高校教学过程的一个重要特点，它能给学生创造全面发展的环境和条件。通过参加科学研究，学生能够有目的地、主动地学习，习得研究任务所需要的理论知识，进行积极思考，在实践中发展各方面的能力，培养创新精神；科学研究还能培养严谨的治学态度、踏实的工作作风和团结合作的精神，更好地促进学生与教师之间的信息交流，使教师对学生了解得更深入、更具体，有利于因材施教，发挥学生的潜能和主动性。开展科学研究还能够提高高校教师的学术水平，充实和更新教学内容，改进教学方法，使教学质量不断提高。因此，不应该把科学研究和教学对立起来，而应该使两者互相结合，互相促进。

科学研究是在已有知识的基础上探索和总结新的知识，进一步加深对客观世界规律性的认识。因此，从人们的认识活动方面来讲，只有开展科学研究，把生产实践和科学实验的成果总结成各种理论体系，使人们不断地获得新的知识和能力，才有可能进行各门学科的教学。从这个意义来讲，科学研究是"源"，教学是"流"，科学研究总是走在教学的前面。虽然在教学中给学生讲授的理论知识并不需要也不应该要求教师都通过自己的研究实践进行总结和积累，但是，现代科学技术的发展日新月异，高校教师如果不通过开展科学研究及时了解和掌握本学科和相关学科的最新动态和发展趋向，而仅停留于传授现成的书本知识，那就不可能提高高校教育教学质量，培养出适应现代科学技术迅速发展和现代化建设需要的合格人才。

发展科学文化也是高校的重要任务。随着现代科学技术的日新月异，高科技向现代生产力转化得越来越快，高新技术产业在整个经济中的占比不断提高，科技在经济发展中的作用越来越大。21世纪是高新技术迅速发展的世纪，我国改革开放和现代化建设进入承前启后、继往开来的关键时期，国家的经济建设和社会发展比以往任何时候都要更加倚重科技进步。在这种形势下，高校特别是重点高校的科学研究工作应大力加强。

直接为社会服务也是现代高校的一项重要社会职能。高校培养人才、开展科学研究、为社会服务这三项职能是互相联系、相辅相成的。开展各种形式的社会服务，有利于加强学生与社会的联系，增进学生对社会需求的了解，增强其主动适应经济发展和社会发展需要的能力；有利于高校的教学更好地实现理论联系实际，培养学生解决实际问题的能力，提高教学质量；有利于进一步发挥学校的潜力，充分调动教职工的积极性和主动性。但是，高校必须以培养人才为中心。衡量学校工作的根本标准是培养人才的质量和数量，绝不能只看经济收益的多少，搞短期行为，而不顾教学质量和学术水平。因此，一定要处理好培养人才与直接为社会服务的关系，必须统筹兼顾，加强管理，对社会服务收益进行合理分配，这样才能更有利于调动各方面的积极性，特别是在教学一线工作的教师的积极性。

四、高校教育管理的民主性原则

高校教育要与社会发展相适应的规律决定了高校教育是开放的系统。高校教育发展的历史已经证明，追求科学与民主是高校教育的重大使命。追求科学，可以保证高校教学、科研的生命活力；发扬民主则是追求科学的保障。高校教育管理的民主性原则主要是由高校教育管理封闭性和开放性相统一的规律所决定的。要办好既封闭又开放的高校，不发扬民主、不调动师生员工的积极性和创造性是不能想象的。因此，高校在进行重大决策时，必须发扬民主精神。

高校教育管理的民主性原则可以表述为：依靠广大教职工和学生民主管理学校，动员社会力量参与高校教育管理。高校教育领域人才荟萃，学术思想活跃，管理工作必须充分体现学术自由的特点。高校的教学与科研就其本质而言是学术活动，需要充分的思想自由，需要民主制度做保障。因此，对高校教育实行民主管理具有特殊的重要性。就管理对象的特点来说，高校教师和学生既是管理对象，又是管理主体。教师和学生有共同特点，都从事学术性很强的教学、研究和学习活动，是精神生产的主体，靠自己独立钻研、思考和探索。只有靠内在动力，也就是靠调动他们的积极性和主动性，才能完成管理目标。学校的培养目标、教学计划、教学大纲等，要靠教师去实施；教学内容和教学方法的改革，要靠教师自觉地去探索和实行。同时，也要激发学生的主动性，积极配合，自主进行学习。充分调动教师和学生的积极性，对于增强内聚力，增强管理对象对管理者的理解和信赖，及时改进管理措施，提高管理的有效性，都有极大的好处。因此，高校要搞好管理，必须依靠教师发挥能动作用，同时，一切与学生的学习和生活有关的决策还要多听取学生的意见。

高校一般都设有许多专业课程，也有教学、科学研究、生产、思想教育、后勤以及校内校外关系等各方面的工作和众多的工作人员，管理工作具有极大的复杂性。管理好一所大学需要很多学问。任何一所大学的管理者都不可能完全懂得所设的各专业、各门课程和各方面的工作。从这个意义上来说，必须依靠调动广大教师职工的积极性，集思广益，共同管理，才有可能把学校办好。有关教学、科学研究、学科建设的重大决策，一定要尊重和听取教师们的意见，他们在所从事的专业、学科领域里是专家，听取他们的意见，有助于保证决策的正确性。

就政府对高校的管理来说，由于高校教育有学术性强、学科门类多的特点，主管部门要充分尊重专家学者的意见，给高校学术自由和必要的办学自主权，避免过多的行政干预。高校还有多样化的特点，这是因为社会对高校教育的需求是多样化的，这就要求高校办出自己的特色，适应社会的不同需求。主管部门的作用是进行宏观控制和协调，为学校创造良好的环境和条件，通过财政的支持、政策的导向和法规的约束，引导学校主动发展。民主性原则要求在高校教育管理中实行制定决策民主化、执行决策民主化和评定决策执行结果民主化。

在高校教育管理中，决策工作要充分发扬民主精神，这种民主精神体现在让被管理者民主地参与决策过程，集思广益，提高决策的科学性，使决策更契合实际。在西方，民主管理学校是通过董事会、教授评议会或师生代表会等形式制定学校一系列规章制度的。管理者要随时了解和掌握决策的执行情况，在此基础上调整和改进决策的执行方案和方法。在这一过程中，不论是了解执行情况还是调整、改进执行方案和方法，都离不开民主的作风。管理者应该秉公办事，在处理公务时不牟取私利，要尊重下属，虚心向他们请教，及时对方案和方法进行调整和改进。决策执行结果的评定不仅关系到对本决策的制定者和执行者工作的评价，而且关系到下一个决策的制定和执行。评定工作要贯彻民主原则，这有利于激发和强化决策者和执行者的工作热情，有利于发挥他们的创造性，最终有利于高校教育管理效益的提高。

五、高校教育管理的动态性原则

任何事物都是处于不断变化之中的。管理过程是一个不断发展变化的动态过程。管理对象与管理系统内部诸要素是不断发展变化的，管理系统的外部环境也是变化、发展的。因此，管理过程的实质就是根据管理对象和条件的变化、发展，对其相互关系做出相应的调整，以实现整体目标。

我国正处于社会转型期，社会生活的各个方面都在不断变化，高校教育也需要适应并促进社会经济、文化、科技等变革的要求。高校教育作为一种社会技术系统，与外部环境处于动态的相互作用之中。管理活动与管理对象、管理环境之间有着本质的、必然的联系。高校教育管理过程中要完成的任务、组织的结构、用来完成任务的技术和参与的人员都处于动态之中，一方面，高校教育活动必须按照管理的基本原理和原则进行，保持管理的相对稳定和应有的秩序；另一方面，高校教育管理的对象、内容、方式、手段都在变化之中，要求运用高校教育管理原则时要有灵活性。

　　高校教育管理的动态性非常明显。随着现代科学技术的发展，社会对高校教育的需求在不断变化，社会给高校教育提出的条件也在不断变化。高校教育要为社会服务，必须主动提高适应社会发展需要的能力。这就要求高校教育必须不断改革、创新。高校教育体制改革的目标就是建立使学校具有主动适应国民经济和社会发展需要的有效机制。就高校本身来说，学生每年有进有出，教师队伍也需要适时补充和调整，教学和科研的设备也在不断更新。经济体制改革、政治体制改革和科技体制改革的深化对高校不断提出新的要求。

　　因此，高校教育管理的动态性原则可以表述为：通过不断改革主动适应经济和社会发展的需要。高校教育管理的动态性原则要求做到以下几点：第一，以发展的战略眼光看问题，认识到任何事物都不是静止不变的，只有改革才能促进教育发展，教育要发展则必须不断改革。第二，处理好变革与稳定的关系，既不能墨守成规、抱残守缺，坚持既成的体制维持现状，也不能全盘否定以往的经验。另外，不能朝令夕改，在高校教育改革方面尤其要持慎重的态度。

　　从根本上讲，高校教育管理的动态性是由高校教育必须与社会政治、经济、科技、文化的要求相适应这一基本规律决定的。由于社会是不断发展的，高校教育也必须随着社会的政治、经济、科技的发展而不断改革，以适应社会发展的需要。高校教育管理对象和外部条件的变化，以及管理工作中不断出现的新情况，需要管理者不断总结新经验，解决新问题。

　　以上五条原则是高校教育管理的基本原则，是普遍适用的。方向性原则反映了我国高校教育管理的性质，从根本上确立了社会主义高校教育发展的大方向，规范了高校教育的培养目标；高效性原则指出了管理工作的本质特点和根本要求；整体性原则反映了管理工作的基本要求；民主性原则贯穿高校教育管理活动的始终，为高校教育管理活动顺利进行提供了良好的氛围，保证管理工作有足够的动力；动态性原则指出完善管理工作的根本途径。它们相互制约、相互促进，共同指导高校教育管理的全部活动，构成了一个完整的原则体系。在实际工作中，这些原则是紧密联系、相辅相成的。

第三章　互联网时代高校教育管理的机遇和挑战

随着经济的发展与科学技术的进步，人们已悄然进入互联网时代，互联网正以其信息量大，传播速度快，覆盖面广以及开放性、交互性、广泛性、便捷性和隐秘性等特点，快速延伸到社会的各个角落，直接影响着人们的思想、学习、工作和生活，高校教育管理自然也受其影响。互联网时代是高校教育管理工作的新机遇，同时也是新挑战。

第一节　互联网时代高校教育管理的新取向

教育管理受到诸多教育思潮的影响，在"互联网+"的背景下，呈现出了新取向。

一、教育管理的知识发展取向

在"互联网+"的背景下，以知识发展为取向进行教育管理，具备了现实基础与可能性。人类的知识大体上可以分为三类：人文科学、自然科学和社会科学。随着网络信息技术的发展，学校再也不能将其核心目标定为保证学生掌握学科中所有需要知道的知识。当教师为学生学习知识进行体系安排时，不能仅仅着眼于对知识内容的描述。这并不代表内容就不重要，而是意味着内容只是知识的一个方面。知识的范围很宽广，并不止于具体事物、物体、情境等，也不止于对事物的关系的解释。教育工作者在设计教学体系、进行教育管理的同时，要教给学生的是那些与知识本身相关的思维、方法、结构与过程，这样学生才能运用科学的方式来解读世界。学校教育在于让学生学会如何学习，这样才能面对未知的知识爆炸。以往的高校教育很难将知识与学生学习的能力结合在一起，教师往往只是单纯地完成教学任务，后续的学习只能靠学生自觉完成。对于那些自控能力差的学生，教师无法进行监督，课后的教学管理也往往落不到实处。

在网络条件下，知识体系以非常清晰的状态呈现在教师与学生面前。教师根据横向与纵向的知识体系，可以随时随地进行教育管理，教育管理的知识取向与教师的教学体系紧密相关。以高校教育成人本科专业的行政管理为例，由于成人学生的特殊性，以往很难同时推进面授课程和自学课程。在"互联网+"的背景下，这个问题得到了解决。教师在进行面授的同时，学生可以在网络上自学，教师还可以同时指导学生实践。必须掌握的知识点、需要慢慢体会的内容、在实践中运用的技巧，这些可以同时铺开，学生在这种扁平化的学习网络中可以同时构建自己图式体系中的知识与技能，这在以往的教学体系中是很难实现的，但在网络背景下可以实现。知识体系实现了这样的扁平化构建，教育管理也随之有了新取向。管理者根据教师的知识体系检验学生的学习情况，并随时反馈，使教育管理与网络管理紧密结合在了一起。

二、教育管理的学生发展取向

教育系统的学生发展取向，强调通过有效智力发展过程发展学生用于更为广阔背景下的认知技能，教育管理也随之发生变化。这一取向体现了人本主义思想，强调学生的需要与兴趣，认为教育的目的在于帮助学生发现自我。在这一过程中，教育教学所起的作用是为学生提供内容，教育管理是为其发展提供工具与平台。

传统的教学模式形成了传统的教学文化，传统的教学模式与文化凭借的是印刷体知识。教师与学生通过印刷体知识进行交流，学生的能力也是在对印刷体知识学习的过程中形成的。信息时代的计算机、手机、网络媒体等为知识讲授提供了新的解读方式，其最主要的特点就是使传统的能力培养的各种形式之间的界限模糊了。传统的能力培养主要是通过对印刷体知识掌握情况的各种检验来完成的，如语文教学中的听、说、读、写能力。互联网为学生提供了广阔的学习资源，学生可以在网络中根据自己的需要与兴趣寻求资源，以发展自己的各种能力。在这种情况下，教育管理更要因地制宜，贴近学生，才能促进学生发展。以高校教育的学前教育专业为例，学前教育是就业的热门专业，对学生的要求也具有相当高的专业性，该专业以学生德智体美的全面发展为目标，根据学生的兴趣开设选修课程。学生可以根据自己的需求与未来的职业定位选择课程，并且横向展开，而教育管理在其中起到了良好的辅助作用。

三、教育管理的社会需求取向

教育是守正出新、面向未来的，教育的目的在于培养人才。人才培养一定要体现社会需求，高校的教学与教育管理也体现了这一需求。高校教育不同于基础教育，高校教育的毕业生大部分要直接参与到社会工作中去，因此如何与社会接轨就显得很重要。近几年来，随着社会经济的发展，随着人民生活水平的提高，互联网发展迅速，许多老专业呈现出了新的社会需求态势，而许多新的专业或以往冷门的专业被挖掘出了极大的潜力。面对这样的社会需求变化，教育教学体系必然要随之改变，教育管理也要发生新的变化，如保险专业的教育管理就要不同于其他专业。保险专业的学生需要学习会计学专业的相关知识，还要进行相关的社会实践，同时要参与到保险公司的各项活动中去，这都是社会需求在教学中的反映，体现在教育管理中则更加复杂。针对保险专业的教育管理不能仅仅着眼于学生的学习成绩，还要与保险公司合作，根据保险行业的行业要求对学生的学习进行鉴定与管理，这都是在以往的教学与管理中不曾出现的，是由"互联网＋"与时代的发展使社会需求对教育的影响比重逐渐增加造成的。在高校教育管理研究中，应充分参考信息技术社会对人才培养的要求，在科学知识与案例学习的基础上，兼顾技术运用与社会需求。

第二节　互联网时代高校教育管理的指导思想与准则

一、坚持以学生为本的工作理念

坚持以学生为本应做到以下两点：第一，开展学生管理工作时，在深入调研了解学生的基础上，一切从学生的实际出发，从学生的需求和愿望出发，想学生之所想，急学生之所急，帮助学生解决成长中遇到的各种问题。第二，充分相信学生，尊重学生的主体性，重视发挥学生的自我教育、自我管理能力，在教育过程中突出学生的主体地位。

现在的大学教育是同向化教育，教师的引导起到了至关重要的作用。大学教育不同于小学、初中、高中教育，大学教育是灵活的教育、多变的教育，比如有些选修课学生可以根据自己的兴趣来选择、学习。在学生学习期间，教师对学生的管理成了一项艰难的工作，在管理中怎样坚持以学生为本成了一个中心问题。教师进行的管理不再是笼统的、没有计划的，而是以学生为本的，所谓"以学生为本"就是从学生的实际情况出发，以学生成才为主。俗话说："管理就是服务。"班级作为学生学习的组织机构，其建设的好坏直接关系到学校管理的成败，影响着学校的教学质量。"以学生为本"成为教学的重中之重，成为走进学生内心世界的一个重要因素。学生逆反、逃课不是因为他们淘气，而是对应试教育的一种抵抗。在大学中，教师是学校与学生沟通的桥梁，是一根牵引的绳子，也就是所谓"中间人"，这就给教师提出了一个新课题：怎样坚持以学生为本。

（一）理解管理的真正含义，实现教师与学生的互通

现在的部分学校，老师与学生的距离越来越远，沟通也越来越少，老师不能真正理解学生的实际意图，学生更不能理解老师的良苦用心。想真正实现以学生为本的教学，要从学生实际出发。真正的互通是心与心之间的交流，而管理则是变相的服务。影响教师管理的因素有很多，有内因和外因之分。内因是教师需要赢得学生的认可，如用渊博的知识赢得学生的钦佩，让学生和教师一起奋斗、一起学习，和学生打成一片，和学生心对心地交流，成为知己，成为朋友，成为倾听者。这有助于实现教师与学生之间的互通。此外，外因也有很多，如校园环境、管理结构等。在种种因素的影响下，教师进行的管理或许会有

一定的困难，但是只要实现了沟通，实现了理解，管理就是一件轻而易举的事。教师进行的管理有预测学生可能出现的问题并提前防备，组织学生参加各种活动，增进学生之间的关系等。沟通成就未来，让沟通促进发展。

（二）注重对学生素质方面的培养

以学生为本就是从学生的实际出发，在大学期间教师不仅要教导学生学习知识，更要全面培养学生的良好素质。有些大学生注重学习，却忽视了道德理念，教师应该对其起到引导的作用，加强他们的思想道德观念，培养他们成为全面人才。从大学生自身发展状况来看，当代大学生正处在世界观、人生观、价值观形成与发展的重要时期，这个时期的大学生思想、道德、心理等方面都有一定的发展，需要教师引导其形成正确的世界观、人生观、价值观。思想道德是一个社会的准则，所以学生在大学期间更应注重培养。

（三）在教学中要以学生为本

所谓"以学生为本"就是把学生作为学校教育和管理的根本，就是时时处处把学生的利益放在首位，就是从学生的立场和想法出发来开展工作。但是，以学生为本绝不是对学生的一味纵容和对学生所有想法的大力支持，也不是抛弃师生关系最基本、最底线的道德要求和行为规范。以学生为本是孔子所说的因材施教，根据学生的特点来制订学习计划，就目前的学校教育来说，这是有些难度的，但是这个理念应该被坚持下去。

很多学生实际操作能力较差，想象能力也较缺乏。在实际教学中，提高学生的动手能力和想象能力，是将学生培养成为全面的人才的重要途径。教师要让学生转变学习态度，为未来进行知识储备。学习是一个人成才的根基，而在大学里可学习的东西很多，可以让学生充实地度过四年的大学生活。在这四年，学生可以给自己设置目标，包括近期目标、中长期目标及远期目标。这些目标不能过大，要有一定的可行性，当学生实现近期目标后才有信心继续实现下一个目标，这样不仅能让学生在大学期间学到知识，还能让他们获得个人满足感及自信心。

在教学中，一些老师生怕漏教某些知识，所以总想把所有的知识都教给学生，每节课的时间都安排得满满的，没有给学生一点时间去吸收和消化，这样一味灌输知识，学生课下就没有了探索的想法。对此，老师应该在教学中设置情景或以游戏的方式进行教学，在实践中培养学生的自主性，同时还可以让学生体会老师的教学意图，树立课堂整体观念，使学生在独立思考的同时增强学习的热情。

（四）开拓、挖掘学生的潜力

教育以关心、关怀、关爱学生的健康成长为目的，教师应该密切关注学生的言行、感情、心理等各个方面，只有这样为学生着想，才有助于以学生为本，构建和谐校园。在日常教学中教师应挖掘学生的潜力，通过日常的细微小事来发现和培养学生的长处。素质教育并不只是学习，而是德智体美劳的全面发展。

以学生为本的教学要求教师从学生实际出发，促进师生关系更加和谐。教师的正确引导与教育既是推动以学生为本持续发展的一个重要因素，也是挖掘学生潜力的重要工具。

在这个日新月异的社会，大学教育正逐步成为普及教育，大学生在学校的生活与学习已成为家长、老师共同关注的问题，以学生为本的教学理念已成为大学教育的一个新理念。教师在管理中要实现以学生为本，不仅体现在学习、生活中的各个方面，还应体现在挖掘学生各方面的潜力中。

二、坚持整体论、系统论思想

高校学生管理系统包括思想政治教育系统和管理系统。思想政治教育系统包括校党委办公室、宣传部、学工部、团委、德育教研室、马克思主义理论教研部、基层各院系党总支、基层党支部，还有独立的或隶属于学工部的心理咨询中心。管理系统有校长办公室、教务处、学生处、保卫处、总务处、网络管理中心、各院系行政部门等。有人把大学生的教育和管理系统称为"小三线"，即划分为三个子系统，分别指学校的教学科研系统、行政后勤管理系统和党团系统，但笔者认为分为两个系统更为合适。所有上述要素是一个整体，形成了一个以学生工作部门为主体、相互联系、相辅相成的大学生思想政治教育和管理系统。

（一）高校学生管理系统的目的性和层次性

高校学生管理系统具有鲜明的目的性，即根据一定时期国家对人才质量的要求，按照大学生思想的特点与行为变化的客观实际以及高校教育的规律，运用马列主义、毛泽东思想、邓小平理论和"三个代表"重要思想的理论体系，结合伦理道德和现代化的管理手段教育和管理学生，将各种教育管理力量，包括学生干部的自身内驱力，政工干部、行政干部和教师的外在力，学校和有关部门、社会和家庭诸方面的影响力与和学生密切相关的有限时间、客观环境、各种信息、各类活动等合理地进行组织协调，使之发挥最大的效益，促使学生德、智、体、美、劳全面发展。

系统论认为系统具有层次性，就是说系统内部的要素是相互联系、相互作用的，这种关系和作用一般显示出有序的层次，系统的性能不单单同组成它的要素的性质有关，而且同它们之间的关联形式有关。大学生的思想政治教育和管理是个大系统，由一定的要素组成，同时这些要素又是由次一级要素组成的大的子系统。例如，一所学校所辖的党委宣传部、组织部、学生部（处）、总务处、教务处、校团委以及院系办公室、年级、班组、团支部、班委会都有不同程度的学生思想教育和行政管理职能。它们既是大学生思想教育工作系统的组成部分，又有各自隶属的子系统，它们之间的关系如何是决定整个系统发挥作用大小的重要因素。

（二）思想政治教育和管理系统的整体效应

系统论认为任何系统都有整体性和环境适应性。整体性认为，作为一个系统，首先必须明确作为一个整体体现功能，系统中各子系统的功能和它们之间的相互联系都要从系统整体的角度来加以协调和控制。环境适应性则认为，任何系统与各子系统都存在于一定的环境之中，它们必须与外部环境产生物质交换、能量交换和信息交换。环境和系统间的相互作用表现为由环境向系统输入信息、能量和物质，经过系统转换再向环境输出新的信息、能量和物质。经过系统转换，外部环境会影响系统的结构和功能。这在现实生活中表现为环境信息对大学生产生影响，内化为思想，反过来再外化为行为，对外界产生反应，产生行动。为形成和保证系统的整体效应，必须按照系统的整体性和环境适应性原则的要求，来处理大学生思想政治教育和管理中的问题。

（三）思想政治教育和管理系统的控制和信息传输

所谓信息控制，就是德育系统中控制者作用于被控制者，使其按照控制者的目的行动的过程。也就是思想政治教育和管理系统中的教育和管理者通过多种形式，影响、作用于受教育和受管理者，使其按照该系统的目标和要求健康成长的过程。在高校思想政治教育和管理系统中，可以把教育管理的主体（政工干部、教师、行政干部）看成一个子系统，把教育管理的客体（学生）看成另一个子系统。这两个子系统之间相互影响、相互作用，目标就是培养有理想、有道德、有文化、有纪律的"四有"人才。在这两个相关联的子系统中，教育管理的主体是控制系统，教育管理的客体是被控制系统。因此，要发挥作为主体的政工干部、行政人员和教师的工作积极性，提高控制系统的工作效率，因为他们是进行教育和管理的主体力量，他们的一言一行对学生思想、行为的变化起着潜移默化的作用。教师要发挥教书育人的主导作用，要培养、锻炼和发挥客体自我教育、自我管理、自我塑造、自我发展的自控力。

大学生思想政治教育和管理目标的实现，其实质是一个信息管理过程，是信息收集、整理、加工、传输、反馈的过程，是通过教育和管理与大学生进行信息交流和传递实现的。在整个信息的传递过程中，有四个基本要素，即思想政治教育与管理者（主体）、受教育与被管理者（客体）、思想政治教育与管理、信息源与信息渠道（传媒）。首先，主体为了实现自己的教育目标，要有目的地从信息源中收集相关的信息，经过自己的整理加工，通过一定的信息渠道传输给客体，与此同时，客体也以不同的途径和方式直接学习或被动接收信息源的信息。然后，主体要收集来自客体的反馈信息，并以此来调整自己的工作。在整个信息的传输过程中都有外界的干扰，这些干扰有自然性干扰和人为性干扰两种。

主体是信息的传递者，其主要功能是通过多种途径和方式排除干扰，有选择、有目的地向客体传输德育信息。信息的接收者应具有很强的信息接收和转换能力，具备听、写、读、观察、分析、辨别和抗干扰能力，明确所接收信息的目的，掌握科学接收和处理信息的方法，与主体关系融洽、心灵相通。信息的传输渠道，即信道，又称传媒，是信息传播的载体，它的主要功能是将信息不失真或者较少失真地传给客体。信息反馈是现代化管理的重要一环，在高校思想政治教育和管理系统中，它是不可缺少的基本要素。要想使反馈的信息准确、及时、全面、有效，就必须建立纵横交错的、主客体交叉的信息反馈系统。

（四）大学生思想政治教育和管理科学模式的构建

高校实行的是在党委领导下的校长负责制，但党政职能应分开，党组织不能包揽行政事务，大学生教育和管理体制的建立也必须服从这个总原则。同时，按照系统理论中的系统原则、整体优化原则、控制力量原则、信息理论原则等可建立一个合理的大学思想政治教育和管理的系统体制模式。

这种体制模式着重体现了以下特点：一是它体现了校（院）长全面负责、党委保证领导和监督的总原则，从组织上彻底解决了过去存在的党委负责教育、行政负责管理，管教脱节、虚实分家的两张皮问题，实现了教育和管理一体化，党政工团齐抓共管。二是这种体制的系统模式有利于统一指挥和上通下达。统一指挥是建立在明确的权力系统之上的，如果权力系统的权力是合理的，那么依靠权力系统内上下级之间的联系所形成的指挥系统就能正常运行，也就达到了便于管控的目的。三是在这种体制的系统模式中，从校长到学校，从决策系统、指挥系统到执行系统的运行是灵活的，不存在多头领导和中间堵塞现象，从执行系统、指挥系统到决策系统的信息反馈也是畅通而有效的。

三、坚持"三贴近"原则

"贴近实际、贴近生活、贴近群众"是我们党宣传思想政治工作长期实践的总结，也是我们党的传家宝。高校作为培养人才的摇篮和宣传先进思想的前沿阵地，只有紧紧围绕"三贴近"这个核心不动摇，高度重视、认真学习并贯彻落实，才能更好地做好高校学生管理工作。

要始终如一地坚持以"三贴近"为指导，就要进一步加强学生管理工作在学校工作中的地位，以学生为本，促进学生的全面发展。

（一）搞好学生思想政治工作要坚持以"三贴近"为根本准则

高校学生思想政治工作要贴近实际、贴近生活、贴近学生，这是对高校学生思想政治工作的全方位、多层次要求。而在实践中，高校学生思想政治工作要真正做到"三贴近"，做好"三贴近"，体现"三贴近"的本质要求，需要贯彻几条基本原则。

1.贯彻解放思想、实事求是、与时俱进、开拓创新的原则

解放思想、实事求是、与时俱进，是我们党的思想路线的精髓。思想政治工作要做到"三贴近"，必须在学生管理工作中始终贯彻这条思想路线，推进思想政治工作的不断创新。贴近实际、贴近生活、贴近学生，就是要求我们把实际生活、社会实践放在第一位，将其思想政治工作的真正出发点。

2.贯彻联系学生、服务学生、求真务实、力戒虚浮的原则

所谓贴近实际、贴近生活、贴近学生，其核心就是要以服务学生为出发点，始终与学生保持密切的联系。组织和发展学生党员的工作一直是大学生思想政治工作的重点，学校应号召全体学生党员和学生骨干开动脑筋，当好指导员；遵守规章制度，配合老师，当好监督员；及时了解同学的情况，总结汇报事实，当好信息员；帮助困难同学，深入同学生活，当好服务员；帮助老师出谋划策，提出合理建议，当好参议员；主动打理后勤工作，养成良好的习惯，当好勤务员；按照教学安排，认真搞好学习，当好教导员；解除心理恐惧，勇敢面对现实，当好咨询员；配合党组织工作，积极响应号召，当好宣传员；临危不慌不乱，沉着冷静应对，当好指挥员。充分发挥基层党组织的战斗堡垒作用和学生党员的先锋模范作用，形成学生党员带预备党员、预备党员带积极分子、积极分子带群众学生的良好局面。

3.贯彻积极引导和积极适应相统一的原则

贴近，从一定意义上讲，也就是适应。这里讲的引导和适应，是积极的引导和积极的适应，也就是工作要从现实出发，从学生的利益出发，在这个基础上提出教育、引导和提高的步骤和目标，拟定教育、引导和提高的方案。

（二）贴近高校实际，从高校实际出发

1.要从高校所承担的政治职能出发

政治职能是高校最重要的职能之一，高校要向学生传播国家和社会所倡导的主流意识形态，并坚持用党和国家的基本方针政策开展教育。因此，高校学生管理工作首先要从党和国家的基本方针政策出发，从国家和社会所倡导的主流意识形态出发。具体来说，要关注党中央所要求的当下思想政治工作的重点，贴近当下的中心任务。所以，全体学生管理工作者要定期学习党中央的方针政策，领会当下的工作重点，保证学生管理工作不脱离正确的方向。

2.要从高校思想政治工作的现实环境出发

高校思想政治教育环境可分为硬环境和软环境。硬环境指高校的硬件设施，如教学楼、实验楼、图书馆、学生公寓、仪器、设备、媒体网络和各种文体设施等。从硬环境出发就是要依托学校的硬件设施，充分利用学校的有效资源开展思想政治工作。比如，利用学校

的网络资源进行网上思想政治教育，在网上设立虚拟社区、虚拟课堂等，让学生在不受教师影响和学生群体压力的状态下说出心里话，从而把握学生的真实思想动态，有针对性地对其进行疏导。再如，利用学校的各种文体设施举办一些有意义的文体活动，将思想政治教育渗透其中，在潜移默化中提高学生的思想水平。软环境指校园的文化环境，包括学校的校风、学风、校训、教学思路、教学体制、文化底蕴和学校建筑布局的美学、人文思想等。校园文化对学生的影响是循序渐进，具有渗透性的。因此，学校的校训有无概括性、警示性，校风有无文明性，学风有无进取性，学校教学思路有无灵活性，教学体制有无开放性，学校文化底蕴有无浓厚性，学校建筑布局有无审美性等，都是高校学生思想政治工作能否有效开展的软性基础。

3. 要明确学校教育的特性，从学校教育的实际特点出发

学校教育与家庭教育、社会教育的最大不同是学校所进行的各种教育都是有组织、有计划、有步骤的，并且学校主要进行的是理论教育。这一特点决定了学校思想政治教育的方式主要是进行系统的正面理论教育，目标是帮助处于世界观、人生观、价值观形成和逐步稳定时期的青年学生形成正确的政治观点、思想观念和道德意识，形成正确的道德判断和行为能力。列宁在《怎么办？》一书中详细论证了"灌输"原理。他认为："工人本来也不可能有社会民主主义的意识，这种意识只能从外面灌输进去。各国的历史都证明，工人阶级单靠自己本身的力量，只能形成工联主义意识。"根据人们思想道德品质形成发展的规律，需要进行反复教育才能取得一定的效果。目前，高校的思想政治理论课一般安排在大一和大二，以修满学分的形式结课。这种方式违背了人们思想道德品质的形成发展需要反复教育的规律，大多数学生在拿到学分后便将知识扔到一边，头脑中的基本理论所剩无几。所以，整个大学阶段都应开设政治理论课，大一、大二进行基本理论教育，大三、大四要结合实际帮助学生运用所学理论分析政治现象和社会问题。只有这样，高校思想政治工作才能做到符合学校教育的特点，贴近高校实际。

（三）贴近大学生活，从学生现实生活出发

高校学生生活可以简单分为课堂生活和课余生活。从学生管理的角度讲，如果说课堂生活主要解决学生的认知问题，那么课余生活就是主要解决如何促进学生的知行转化问题。贴近高校学生生活主要是指贴近学生的课余生活。高校学生课余生活首先集中在寝室，即宿舍生活，其次是食堂，最后是娱乐场所。

1. 要贴近学生的宿舍生活

一般高校均采取流动教室的做法，各专业学生没有自己的固定教室。宿舍是高校学生每天都要滞留的地方，宿舍生活构成了高校学生生活最重要的一部分，对高校学生思想政治品德行为的形成具有潜移默化的作用。因此，贴近高校学生生活首先需要从贴近宿舍生

活入手，把教育管理工作渗透到日常的宿舍管理和宿舍文化建设中去。随着我国教育改革的推进，各高校逐渐推行宿舍管理社会化的做法，把宿舍楼交给独立运行的物业管理中心来管理。这给在宿舍开展教育管理工作带来了新的情况和问题。在物业管理中心制定宿舍管理规定的时候，高校学生处和教师等相关管理工作者应参与其中，把教育管理工作的具体要求固化到宿舍管理规定中，同时各年级的教师要协助宿舍楼长和管理员做好宿舍卫生的检查和评比工作，要在宿舍文化建设中发挥主导作用。

2. 要贴近学生的食堂生活

高校学生一日三餐的时间一般在食堂里度过，食堂是除宿舍之外又一个学生经常集中和滞留的地点，教育管理工作贴近食堂生活也具有重要意义。或许是为了管理的方便，一些学校的食堂会有高档菜、中档菜、低档菜等有等级差别的标识语，这与我国建设和谐社会的大背景不相适应，学生生活水平（反映家庭生活条件）的差距在食堂里很明显地体现出来。如果人为地将食堂饭菜进行等级划分，将给不同生活水平的同学造成不同程度的影响，尤其会给大一新生造成不适感，这会影响整个校园生活的和谐度。所以，贴近高校学生的食堂生活，应从此类细微处抓起，利用环境对学生品德的渗透作用，为学生营造积极的环境，避免环境的消极影响。

3. 要贴近学生的娱乐生活

高校学生的娱乐生活丰富多彩，既有多种传统的文体娱乐活动，也有新兴的现代都市娱乐活动。传统娱乐活动一般包括跑步、打球、游泳等，现代都市娱乐活动一般指伴随信息时代的到来而出现的网上娱乐、社会性娱乐等。在传统娱乐活动中，要注意诚信合作与公平竞争意识的渗透和培养，在新兴的网络娱乐活动中，要注意网络道德的渗透和培养。

（四）贴近学生思想，从高校学生思想实际出发

贴近学生思想就是要准确把握高校学生的思想动态。对于不同年级的学生要针对其不同的思想发展状况采取相应的教育管理方法，选择相应的教育管理内容，并灵活选择教育管理时机。

以大学一年级的学生为例，大学一年级学生的思想状况一般呈现以下特点：①不适应感。大多数学生是第一次远离家乡来到一个陌生的城市，对新环境、新生活除了欣喜和好奇之外，更多的是不适应，包括不一样的饮食习惯、语言风格和文化习俗等。②挫败感。考入大学的学生，尤其是考入重点大学的学生，他们在高中时代多是精英。但进入大学以后，由于环境和竞争对手的改变，以前的优越感便不存在了。③孤立感。由于学生来自五湖四海，彼此不了解，加之习惯的不同，新的同学关系的建立需要一个过程，在此期间新生就容易感到孤独，主要表现为和高中同学、朋友和家人联系比较频繁。④强烈的学习动力和热情。高涨的学习热情不仅表现为课上积极讨论，也表现为课下积极参与各种社团和

活动。⑤学习的盲目性。由于生活内容的多样化，很多学生一时找不到学习目标，往往以娱乐代替学习或者把精力全部用在对课外知识的学习上，导致部分学生期末考试不及格。在对大一学生开展教育管理时，必须结合上述思想特点，有针对性地进行新环境的适应性教育、大学学习方法指导、大学生活规划教育等，以促进大一学生尽快适应大学生活，减少各种心理问题的产生。

（五）完善对学生的管理、指导和服务，要以"三贴近"为根本宗旨

在实际工作中，要始终坚持以"三贴近"为根本宗旨开展工作。贴近实际、贴近生活、贴近学生，是高校学生管理工作的一条历史经验，是高校学生管理工作所应遵循的基本方针，也是高校学生管理工作增强针对性、实效性的根本保证。在新的社会历史条件下，站在新的历史高度，从新的、更加开阔的视野来认识、研究这个问题，并使这一方针以更为丰富的内涵在高校学生管理工作实践中得以贯彻，对于高校学生管理工作适应时代要求具有重要的现实意义。

第三节　互联网时代高校教育管理的新机遇

一、网络对大学生学习和生活的正面影响

（一）有利于大学生的学习和成才

网络是巨大的资料库和信息服务中心。学生可以超越时空和经济的制约，最快地查找学习资料，学会更多课堂以外的知识，从信息中获取养料，完善知识结构。同时，网络又为学生提供了角色实践的舞台，在这里，学生可以大胆尝试，不断开拓。计算机网络的逐渐普及，使得大学生能够从网络上获得千变万化的信息和知识，发展和壮大自己。通过上网，社会经验不足的大学生可以得到充实和提高。他们可以通过网站了解校园文化、社会热点、国家大事、国际风云；了解政治、经济、文化、军事、哲学、科技的发展动向、历史沿革；进行休闲娱乐、感情交流、学术讨论等。所以，网络在很大程度上可以使学生得到各方面知识和锻炼，成为象牙塔中的社会人。网络作为一种教育手段，具有信息量大、传播速度快、影响范围广等特征。它不仅丰富了教育内容，拓宽了教育途径，帮助学生在广阔的环境中学习和积累知识，而且有利于学生形成和发展个性。校园网站和教育管理网站的建立和发展，为学生接受知识提供了更有利的条件，由此，教师可以了解到更为真实的学生思想动态，从而提高思想教育工作的针对性。

当前，因材施教的教育方式很难实现，而使用各种各样的教育和科研网站则可以弥补

这一缺陷。每个学生都可以根据自身发展需要浏览不同网页，还可以从网站上浏览和学习本校不具备而其他高校具备的教学资料，借鉴学习方法，达到居一校而学各校，知己知彼，扬长避短的效果。

（二）有利于大学生开阔视野，培养创造性思维

网络是知识和信息的载体，它作为一个全新的事物进入我国，引起了创造性极强的大学生群体的极大好奇，也正是由于网络本身的广泛应用和软、硬件技术的不断改进和更新，给广大学子带来了极大的创造空间。网页制作、软件设计、三维动画、工业造型、电脑预决算、网络科研项目、网络课件、远程教育技术服务、大学生网络创业大赛等，无不在内容和形式上激发了大学生的创新欲望。于是，一大批以在校大学生为核心的电脑公司、网络公司、信息公司等学生企业应运而生，它们推动并引领了当今高校学子的无限创造激情，也给国家的经济发展带来了生机和活力。据调查，国际某知名品牌从全国各高校选取了大批在高校学习中创造性极强的学子充当其技术核心力量，每年各高校也不断涌现出国家创造发明专利的获得者。网络时代有利于培养大学生的发散性思维，帮助他们正确地看待周围的人和事，树立科学的人生观和世界观。

（三）扩大了大学生的人际交往范围，有助于建立良好的人际关系

心理学家普遍认为，良好的人际关系是心理健康的标准之一。相关实证与研究也表明，人际关系与个体心理健康有着密切关系，良好的人际关系有助于个体的心理健康。一个缺少朋友，不能与他人和谐相处的人，一定是心理不够健全的人。不同学派的学者，无论是在心理疾病的原因探讨还是心理治疗技术的研究中，都非常重视人际关系的地位和作用。沙力文认为精神病包括人际关系中不适宜的整个领域，主要是患者的童年人际关系被破坏，从而产生严重的焦虑感，导致精神的分裂。在人本主义心理学者眼里，人际关系与心理健康的关系问题更是被看作心理健康和治疗研究的中心问题。他们认为，自我实现者的重要特征之一就是能够与他人建立良好的人际关系。认知心理学的学者们则主要从人际关系问题解决方面对人际关系与心理健康的关系进行深入探讨。

人际关系冷漠是现代社会生活中日趋严重的一种社会病。人们在钢筋水泥的森林中孤独地出没，急切需要快捷便利而又自由的交际方式。网络交往使人们的交往空间扩大，人际沟通的时效性、便利性和准确性提高，有利于良好人际关系的建立和发展，为学生网民的心理健康带来积极的影响。在传统的交往方式下，个体的人际交往常常囿于现实中狭小的生活圈子。网络社会的人们却可以跨越千山万水，突破地域空间的限制，让整个地球变成一个小小的村落，真正实现"我们的朋友遍天下"。网络可以让人足不出户，在数秒之间找到多年挚友般的倾心感受，免去彼此的客套、试探和戒备。同时，由于网络人际交往的匿名特点，学生网民间一般不发生面对面的直接接触，网络人际交往比较容易突破年龄、

性别、地位、身份、外貌等传统人际交往影响因素的限制，建立更为和谐、民主、平等的人际关系。

　　网络不仅使一般的社交便利性提高，社会圈子扩大，还解决了某些具有特殊困难的人的社交问题。例如，一个面部严重烧伤的人可能因为变形的面部使得很多人不愿或不敢接近；边防哨卡的士兵可能因为交通不便和职责原因，无法与外界沟通……电脑网络为这些特殊的人提供了人际交往的新天地。此外，电脑网络也可以作为某些社交恐惧症患者"系统脱敏治疗"过程中的初级训练工具，让他们首先通过网络与他人进行无须直接面对面的接触和沟通，建立起人际交往的信心，随后再进行现实的人际交往训练。网络最突出的优点是它的交互性，它既是信息的载体，又是媒体中介，实现了人与人之间交流的通畅。目前，在校大学生大多数为独生子女，他们渴望与同龄人交流并得到认可。独生子女在家庭中处于中心地位，在走出家门的人际交往中往往会受到强烈的冲击和挑战。大学生心理障碍严重影响学习和生活，很多案例显示，大学生因人际交往形成的心理障碍导致了多种不良后果。同时，大学管理机制与中学不同，学业和未来择业的压力迫使每个学生为学习疲于奔命，校园文化的丰富多彩又使不定时人际情感交流增加，而网上交友就解决了专心学习和择时交友的矛盾。

（四）有助于提高大学生的心理健康水平

　　现代心理治疗理论非常重视宣泄在心理健康维护和治疗中的作用。心理咨询师的重要任务之一就是为受到压抑的心理症结提供宣泄的渠道。但是，由于传统观念和行为习惯的影响，很多人在遇到各种烦恼和心理问题时，往往没有勇气或不习惯找心理医生，也不愿意向身边熟悉的人倾诉。这种"家丑不外扬"的普遍心态显然不利于心理问题的及时解决，也不利于心理健康。网络的匿名性特点有利于学生网民不良情绪的及时释放和相互之间的情感帮助、心理支持。

　　目前，互联网上的心理健康站点主要包括高校心理学系主办的网站、心理医院网站、个人创办的专业心理网站、心理学杂志社的网站以及其他网站的心理专栏等。尽管这些心理学的专题网站各自的侧重点有所不同，但它们都自觉担负起了普及心理健康知识、提供专业心理援助的责任。这些网站主要涉及心理健康知识、心理健康状况自测、网络方式的心理咨询与辅导、心理医院和心理医生的介绍及求医预约、心理健康研究动态等。虽然受经验、人手和资金等诸多因素所限，这些网站的内容还不十分充足，质量也参差不齐，但它们既方便快捷又具有较好的保密性，因而受到大学生的广泛青睐，在一定程度上对大学生的心理健康辅导起到了积极作用。

　　此外，要正确认识心理健康问题，个体心理健康水平存在很大程度的差异，低层次的心理健康指的是没有心理疾病症状，高层次的心理健康是指人的潜能得到充分发挥或自我实现。因此，即使是正常人也要不断提高自己的心理健康水平，较好的心理健康水平意味着个体各种心理素质的和谐发展。网络有助于提高大学生的自信心，激发他们的想象力、求知欲和创造性，提升他们的心理健康水平。

（五）在指导大学生就业方面有着得天独厚的优势

随着我国高等教育从精英教育到大众化教育的转型，招生规模日渐扩大，升学人数不断增加，就业形势日趋严峻。如何在激烈的就业竞争中找到适合自己的工作，是一个严峻的现实问题。近几年来，网上就业指导已初露端倪，很多高校就业办公室已将网络作为获取就业信息的主要渠道，许多高校校园网上的"就业指导"专栏信息量大，功能完备，可以保证所有新的就业信息及时上传。

网络承载的信息不同于传统的广电新闻，它突破了时空限制，使用者根据需要，可以随时点击浏览、比较总结。同时，网络招聘范围广、信息量大，学生可以从网上浏览企事业单位的背景和详细资料及其发展演变情况，比从现场招聘了解到的企事业单位的信息还要全面。因此，具备一定计算机专业知识的大学生纷纷利用网络求职，在网上为自己选择就业单位。同时，网络招聘快捷方便的优势令兼有经济压力、学业压力的大学生可以节约资金、时间、精力，在付出较低成本的情况下，提高了和用人单位的接触频率。

二、网络时代高校学生管理工作的新机遇

就教育主体而言，网络时代对教育主体提出了更高的素质要求，无论是学校政治思想教育的指导思想的摸索、制定、贯彻，还是信息系统的建立、维护和改善，都离不开一支既有过硬的思想水平和觉悟，又具备较高的网络管理才能和信息时代思维方式的教师队伍。教师应加强计算机及网络技术的学习，把网上研究与学生工作紧密结合起来，成为学生在信息世界中的指导者和组织者；树立一种"教会选择"的观念，调整自己的角色，从"教会顺从"的训导者变成"教会选择"的指导者。

就教育客体而言，网络为学生打开了沟通世界的大门，扩大了学生的交往面，但过度依赖网络，采用匿名的间接交流方式，逃避直接交往，不利于学生的心理健康。网络让学生更自由地表达自己的思想，但往往由于过度自由、无约束，各种虚假、错误的信息充斥于网络，使之缺乏明确的思想导向。网络有利于学生了解多元文化，但国际上的强势文化也趁机冲击着学生正确的世界观、人生观和价值观的形成。网络互动使学生人际关系的范围扩大、主体性增强、互助性增强。网络打破了语言、地域、身份、地位、社会制度、文化背景甚至心理等局限，扩大了人们的交往范围，从而有利于促使学生关心全人类，加速他们在世界大范围的社会化进程。但由于学生自身社会化不足、自我约束力不够，也会引发一系列问题，如民族认同感的淡化、自我角色失调、人际异化和自我异化等。

就教育环境而言，网络促进了人类文明成果的大交流和世界文化的大创新。这些新的人类文化成果丰富了学校德育的内容，扩展了德育的文化视野，形成了新的学校德育文化环境，对学校德育教育有深远的积极意义。网络媒体环境的公开性为学生的社会化创造了更为开阔的空间和更为便利的条件，网络所构筑的虚拟环境也为学生提供了更大范围的社会实践环境。

就教育内容而言，网络时代人们的交往方式、思想观念、价值取向发生了系统的改变，并产生了一些新的道德要求，现实的道德规范在网络社会中已显得不足。为了适应这一全新的社会环境，需要构建新的道德规范体系，德育教育必须重构自己的道德内容。因此，网络时代学校德育的内容应注重培养学生的自主选择能力、判断能力和自我约束能力。

就教育效果而言，网络作为一种沟通途径，有利于促进师生双方的沟通，有利于提高德育实效。另外，网上资源丰富，信息共享，有利于开阔教育者的视野，从而提高德育的质量。利用网络技术形成生动的虚拟现实生活环境，可以为学生进行各种价值选择提供虚拟体验，提高学生的兴趣，从而提高德育教育效果。

第一，网络时代的来临有利于增强高校学生管理工作的针对性，为高校学生管理工作奠定良好的思想基础。在传统的高校学生管理模式中，学生处于一种接受知识的位置，不利于学生思维的发散，创新精神被排斥或限制。而在网络环境下，网络文化的强烈开放性和全球化、数字化、虚拟化等特点，使学生可以自由、平等地体验网络文化带给人们的新境界。学生由传统的被动式接受知识的"灌输"教育转化为主动参与思想交流，赞成什么、反对什么均可以在网上表达。这使教育管理者能够获得学生真实的思想信息，为教育工作的研究及开展针对性教育提供了契机。同时，教育管理者也可以在虚拟的网络世界里发布有益的信息，从而对大学生的思想进行积极引导，这对于增强教育的效果也具有重要意义。

第二，网络文化迅速占领校园，显示了其强大的生命力，备受大学生的欢迎。这极大地刺激了大学生的创新意识、竞争意识和实效意识，落后、封闭、保守的观念被他们抛弃。网络文化也开辟了大学校园文化的新领域，形成了新的文化范畴和文化精神，使大学生在道德观念、生活态度、思维方式、行为模式、心理发展、价值取向等方面表现出新的发展与提升，在客观上为高校学生奠定了良好的思想基础。在网络上，学生乐于敞开心扉说实话，自由发表意见和见解，有利于高校教育管理者更迅速、更确切地了解学生的思想情绪，掌握其思想动态和利益要求，从而把握其思想脉搏和心理脉络，并对症下药，做好教育与引导，从而增强工作的时效性和针对性。

第三，网络的特点使高校学生管理工作更具亲和力和人情味。网络具有开放性和虚拟性，网络信息具有可选择性和平等性，在网络世界里没有权威，这需要学生管理工作需更具亲和力和人情味，才能够取得更好的教育效果。在网络中，教育管理者与学生之间是平等的，他们在工作的过程中不是提供"说服"，而是提供影响、选择和引导。在网络时代，教育管理工作可以融入网络的各种形式中，把正确的人生观、价值观、世界观渗透其中，以增强感染力和影响力。网络作为新的通信手段，信息传递迅速高效，提高了教育管理工作的效率。

第四，网络的发展为加强和改进高校学生管理工作提供了新的渠道和手段，使管理手段更加多样化，工作方式更具灵活性。在学生管理工作中，传统的思想教育载体是报告会、演讲、墙报、专刊、社会实践及各种寓教于乐的校园文化活动。在网络时代，随着大学生上网率的提升，教育管理的方式和手段更加多样化，如网上讲座、博客、论坛、微博、电子信箱、网上交谈、红色网站、在线服务等，这些都为高校学生管理工作注入了新的活力，受到了大学生的广泛欢迎。因此，充分利用好网络，可以高校学生管理工作做得更加有声有色。网络还具有资源共享的特点，这为高校教育管理工作者占领网络思想教育阵地提供了极大的便利。网络是一种极具感染力的传播媒介，它将文本、声音、图画等信息集于一体，能够激发学生的求知欲和想象力，也符合大学生要求自主发展的心理，有利于调动他们的自觉性和主动性。高校学生管理工作可利用网络具有的信息高集成性、互动性和可选择性等特点，促进学生自主接受教育，这就改变了以往教育管理者需要当面"说服教育"的情形。同时，网络信息的可复制性、共享性、实时性使全体学生同时接受教育成为可能，这也是传统教育方法无法达到的。

第五，网络还能最大限度地实现高校教育管理工作的社会化。当代大学生成长的环境、学习和生活的方式、接收信息的形式、思维方式等都在发生重大的变化。高校教育管理工作要根据这些新的变化因地制宜，因时制宜，加强高校学生管理在方法、手段等方面的改革与创新；要充分利用网络，开展丰富生动的形势与政策宣传教育，活跃学生课外生活和校园文化活动，弘扬主旋律。学生工作要想做到实处并达到良好效果，离不开社会、学校、家庭的共同努力，而网络的"超时空性"恰好为三者的结合提供了方便，使家庭教育、学校教育、社会教育紧密联系、融为一体成为现实。

第四节　互联网时代高校教育管理的新挑战

一、网络对大学生成才的负面影响

同任何事物一样，互联网也是一把"双刃剑"，它对大学生的影响既有积极的一面，也有消极的一面。随着越来越多的大学生接触并深入网络空间，网络的负面影响日趋凸显，主要集中在以下几个方面：

（一）互联网对大学生的人生观、价值观和世界观的形成构成潜在威胁

网络是一个没有国界的世界，全球各种不同的文化形态、思想观念在这里汇集交织，网络使用者轻易就可以感受到东西方文化的巨大差异，因此很容易陷入一种迷惘的境地。大学生的人生观、价值观还不成熟，缺乏"免疫力"，长期"浸泡"在网上，耳濡目染，很容易受到外来文化及意识形态的渗透，受到腐蚀，盲目信从。同时，西方一些不健康的生活方式对喜欢新奇事物的大学生来说，具有极大的诱惑力和欺骗性，容易使他们艳羡、认同并模仿，引发对现实的不满，进而丧失进取、奋斗的内在精神和意志。西方文化通过网络传播，其价值观念正影响着当今大学生的价值判断和理想信念。对于崇尚新知识、新文化、新观念的大学生来说，无疑将面对网络文化的严峻考验，少数控制力不强的大学生很有可能因错误的价值观而埋下犯罪的种子。

在互联网这张无边无际的"网"上，内容虽丰富却庞杂，良莠不齐，西方国家的宣传论调、文化思想等会与大学生头脑中沉淀的中华传统文化观念和我国主流意识形态形成冲突，使他们的价值观产生倾斜，甚至盲从西方。长此以往，对国家的政治安定会产生一定的影响。

（二）网络对大学生身心健康有消极影响

众所周知，连续上网会造成情绪低落、眼花、双手颤抖、疲乏无力、食欲不振、焦躁不安、血压升高、自主神经功能紊乱、睡眠障碍，甚至消极自杀等现象。不良的上网环境也会损害大学生的身体健康，甚至会造成人身伤亡事件。更令人忧虑的是，网络还严重影响着大学生的心理健康。最典型的便是上网成瘾，它与吸烟、酗酒甚至吸毒等上瘾行为有惊人的相似之处：一上网就兴奋异常，上不了网就"网瘾难耐"。其典型症状是：整天沉溺于网络，甚至不吃不喝不睡，通宵达旦，导致体能下降、生物钟紊乱、注意力难以集中、情绪低落、思维模糊、头昏眼花等不良生理和心理反应，严重者甚至出现体能衰竭或精神异常。上网成瘾的人一天中的大部分时间都在网上度过，对自己不再有任何控制能力，表现出逃避现实的心理迹象，和家人的关系也会出现问题。迷恋网络还会引发网络孤独症、人际信任危机和各种交际冲突。网络成瘾与网络孤独症非常类似，只是前者更多表现出生理和认识方面的障碍，后者侧重于人际交往方面的障碍。网络成瘾必然伴有不同程度的人际关系障碍，网络孤独症则不一定表现出明显的生理障碍。网络孤独症多发生在性格内向者身上，其典型症状是：沉溺于网络，脱离现实，寡言少语，情绪抑郁，社交面狭窄，人际关系冷淡。

在网络人际交往中普遍存在的信任危机也有可能影响大学生现实人际交往的态度，甚至出现人际交往障碍。聊天室等虚拟社区以匿名或化名方式进行的网络交往无法确保人们言论的真实性，这种网络人际交往的虚幻特点使很多学生抱着游戏的心态参与网上交际，久而久之，他们对他人的言行毫无信任感可言。这种网上的人际信任危机可能迁移到现实人际交往中，导致学生在现实人际交往中对他人缺乏信任，进而影响与他人建立和发展良

好的人际关系。

网络人际交往给人以虚假的安全感，学生以为待在门户紧闭的自家卧室里，坐在心爱的电脑前是最安全不过的了。这里既不可能被人发现，又不可能被人偷窥，更不可能受到侵犯。这种自以为是的安全感使得他们放弃了基本的戒备心，给网络犯罪以可乘之机。

（三）网络对大学生的社会适应能力有消极影响

网络是一个虚拟的世界，网上交际主要依靠抽象的数字、符号，大学生终日沉迷的这种人机对话的模式会对其社会适应能力产生消极影响，更有甚者，有些大学生还可能患上"社交障碍症"。在网络环境下，大学生交往的对象、身份都不确定，这就减弱了大学生社会角色的获得能力。网络交往的虚拟性和自由性很容易使参与者行为失范。大学生在互联网上得到情感认同和满足后，开始在心理上对网络有强烈的归属感和依赖感，这不利于大学生的社会化，甚至会影响大学生社会适应能力的发展。

大学生沉溺于网络还会造成语言扭曲和沟通能力退化。网络的基础语言是英语，许多汉语词汇受网络特殊词汇的影响，同音字或谐音字被滥用、中英文掺杂、数字随意代替中文。语言作为思维和交际的载体，能够反映一定的文化和心态，它的扭曲和异化不能不引起重视，它的不科学的形变势必影响人们的表达模式。

二、网络时代高校学生管理工作的新挑战

一是网络文化导致大学生价值观冲突更加直接和剧烈，价值取向更加多元化，价值选择更加困难。当代大学生判断是非标准的自主性、独立性增强了，但是其人生观、价值观尚未成熟，容易受到思想冲击。东西方价值观在学生头脑中的碰撞、冲突比以往更加直接、更加激烈，如不正确引导，学生可能会出现思想上的混乱，影响他们形成正确的世界观、人生观和价值观。

二是网络传播的"信息垃圾"会误导大学生的思想和行为。网络是一个功能齐全的自由"社会"，它吸引了不同生活背景、不同行业、不同年龄的人。网络这座信息的宝库同时也是一个信息的"垃圾场"，各种不健康的信息混杂其中，自制力较弱的大学生会出于好奇去接触这些垃圾信息，这些不健康的信息在一定程度上弱化了他们的道德意识和法律意识。

三是网络传播的"虚拟化"对大学生的交往方式和人际关系产生了深刻影响。当大学生在网络上获得的快乐比现实多时，就会把更多的时间投入到网络交往之中，而当他们在现实生活中遇到挫折时，也会更加倾向于在网络中寻求慰藉。长此以往，就会使大学生只愿意在网络上寻求虚拟但完美的人生，而消极地对待甚至逃避有缺陷的现实世界，这必然会影响和改变大学生的交往方式，使他们变得冷漠，产生孤独、苦闷、焦虑、压抑等情绪，

甚至产生心理疾病。

四是大学生自主、平等意识的增强使传统的社会调控系统发挥的作用有所下降。虚拟条件下网民的交往角色是虚拟的，不存在上下级关系，交往变得扁平化。网上交往的虚拟性使人与人的交往更加自由，但也削弱了主导价值观、社会公知以及教育者的权威。

五是单向的灌输式教育的管理方式受到挑战。传统的教育管理中，教育者起主导作用，他们将含有社会要求的政治观点、思想体系、道德规范的相关信息有目的、有计划地灌输给教育对象，而受教育者在内外各种因素的综合作用下，有选择地接受这些信息，进而"内化"为自身的个人意识，之后再"外化"为实际行动。在这一过程中，教育者传递信息的手段主要以上课宣讲、座谈讨论、个别谈心、开展主题活动等为主，并以报纸、广播、电视、电影等大众传媒作为辅助工具。教育者所灌输的信息是经过筛选和加工的，有利于受教育者接受正面的思想。然而，随着网络信息对思想领域的入侵，单向的教育模式越来越不能满足大学生的心理需求，其有效性不可避免地受到削弱。大学生在深入网络生活并渐渐习惯网络这种双向甚至多向的沟通方式后，必定要求教育工作（包括专业教育和教育管理）从内容到形式都采取更为民主、更为自由、更为生动的方式进行。这将改变教育者与被教育者的关系和位置，信息传播的内容和途径也不为教育者所掌控。对此，传统的教育管理显然还没有做好充分的准备。

六是高校学生管理者的综合素质面临挑战。面对网络的冲击，部分学生管理者缺乏应有的思想准备和科学文化素质。据统计，教师中经常上网的主要是 35 岁以下的年轻教师，而有些年龄稍大的教师对网络不感兴趣。学生管理者不具备较高的网络知识水平，就有可能丧失大学生所认为的人格魅力及亲和力。而对高校学生管理者来说，人格魅力和亲和力极大地影响着教育的效果。

第四章　互联网时代高校教育管理的创新策略

随着社会对人才需求的不断变化，高校承受着很大的压力。当前的高校教育管理已经不能满足实际的教学需要，所以必须要跟上时代的步伐，不断创新，这样才能完成培养人才的任务，同时实现自身的稳定发展。

第一节　创新高校教育管理体制

一、高校教育管理体制需要在信息化下进行改革

管理系统包括三个方面的内容：隶属关系的确立、组织结构的建立和管理权限的划分。高校教育管理系统是指对高校教育管理的组织结构和权力归属进行划分，划分的时候既要注重培养目标的特殊性，又要体现教学水平，更要遵循教育教学规律。这是专属于高校的管理体制。传统的高校教育管理结构是金字塔结构，是由行政组织结构形成的自上而下的模式强调管理结构位于上层组织结构上的责任和权威。教育家罗泰就曾经表示，学校里面，管理权集中在最顶端，权力集中分配，按等级分配。

时代的发展要求改变传统的教育管理体制，加大体制创新力度。在信息时代，学校的环境更复杂多样，这要求学校的管理方式既要多样化，也要兼顾个性化。传统的教育管理体制已经无法有效适应内外部环境的多元化变化。新技术环境冲破了原有教育结构的刚性布局，信息传达形成了灵活多变的结构和扁平化的信息传递渠道。因此，对传统校园教育管理体制进行改革是有必要的。在改革过程中，信息技术提供了强有力的支持，为教育管理体制改革注入了新的活力，在学校管理组织体系中应用广泛。广大师生都是网络信息技术的拥有者，他们具备参与改革的知识和能力，是教育管理体制改革的有生力量。同时，信息社会的到来，让教育管理者开始面临极大的挑战，也提高了对其综合素养的要求，需要其与时俱进，不断适应新时代，抓住机遇，迎接挑战。

二、高校教育管理组织机构的变化

对组织的结构进行评价主要有几个方面：

（1）责任性。组织的每个成员都应该对组织负责。

（2）适应性。组织要随时间推移不断变化并进行革新。

（3）及时性。要及时完成工作，速度要快。

（4）响应性。对组织的外部环境需求要及时响应。

（5）效率。组织成员要可靠地完成任务，有最小的出错率，并且要考虑到资源的经济性，简单说就是又快又好。

但是，目前的教育管理组织结构是一种科层式组织结构，只有改变这种结构，才能提高高校教育管理的效率。根据以上几项要求，需要架构一种扁平化的教育管理组织结构，对科层式组织结构进行改革。

高校教育管理扁平化是指取消教学机构管理组织中的大部分中间管理层，以达到减少中层管理团队的目的。在互联网环境下，教育管理组织的扁平化是有可能的，也是必要的，主要表现为：①对组织结构进行扁平化处理，有助于充分发挥基层管理人员的能动性，给他们更广阔的发展空间；②大量烦琐的、需要人来完成的工作，可以由计算机或者自动化设备完成；③由于网络交互的特性，决策层和执行层的信息传递更加方便快捷，一些中间层管理机构可以取消，使得直接管理成为可能。

三、高校教育管理权限的重新划分

就高校而言，教育管理是宏观层面的管理，教学质量的好坏、内部协调控制是否有效与其有着直接的关系，高校应加强对各专业的宏观管理，并施行对应的方针政策，这样才能为整个教学提供有力的保障和支持。宏观管理的主要内容包括领导学校招生工作、决策教育管理重大事项、建立教育管理规章制度、完善教学质量评价系统、制定教育培训方案、保障教学科研信息系统及教学基础设施的建设。当然，在这些管理活动中，教师和学生的意见不容忽视。学校管理系统的职能首先是宏观管理，其次是为教学工作提供方便，最后是决策。由于各部门分工不同，赋予各部门的权限也不同，怎么分工，如何赋权，值得探讨。

高校教育管理涉及校长、相关负责人、系主任及教职人员等。传统的教育管理权主要归校长和负责教学工作的副校长所有，教学活动在教学部门的领导下开展，教师听从院长的安排，按照统一的教学大纲对学生进行知识的传授。也就是说，教育管理权掌握在学校的管理者手中，教师和学生基本上没有这方面的权力。为了能够让教学活动变得既有效又有趣，应该将更多的权力和自由给予教师和学生，让教师和学生对涉及教学层面的重大决策和决议都有参与权、评价权和提案权。

第二节 改革和完善高校教育管理

一、引入先进的管理思想

只有在先进管理理念的指导下，教育管理才能发展起来。在信息化时代，高校教育管理者除了要具备教育管理能力，还应具有先进的管理思想。

（一）主动适应的思想

主动适应的思想是指教育管理工作应主动适应社会发展的需要，随时随地捕捉信息社会对人才的需求，及时调整教育管理思路，顺应时代的潮流。教育管理的主动适应思想强调适度分权，针对内部要素和外部环境的变化采用灵活的态度应对。

（二）人本观念

学校管理的核心在于教学管理。人本观念首先体现在管理过程中将教师和学生放在主体地位，促使教师和学生在工作和学习的过程中充分参与管理实践，让他们在实践中获得综合发展的能力和知识。学生是学习的主体，教师是教学的主体，他们拥有的积极创造的内在潜能，对于提高教育管理质量来说意义重大。所以，在具体的管理环节一定要注意激发师生的创造力，充分调动他们的主观能动性，在教学管理活动中给予他们全方位的关注，以便有效提升教育质量。

（三）全面质量管理理念

全面质量管理是一个组织把质量当作核心，将全员共同参与作为根基，目的在于让服务对象满意并且组织中全部成员都能受益。

高校教育管理实践当中的全面质量管理包括三个方面的内容。

（1）全过程质量管理。想要把教育目标放在核心地位，科学有序地实施教育教学活动，就要加强对教育教学各环节质量的全过程把控，尤其是要管理好接口，保证不同环节的有效衔接，科学确定不同环节要达到的质量标准。

（2）全方位质量管理。只要是影响或涉及教学质量的环节和因素，都要纳入全方位质量管理。比如，要对后勤服务部门、管理部门的工作质量进行管理，因为这些部门的工作会影响教学质量和教学工作。

（3）全员质量管理。学校的各个部门、每一位成员（包括全体教师和学生）都应该主动积极地参与质量管理，努力提高工作质量，以培养高素质的专门人才。

二、利用信息化手段深化教学改革

要深化教学改革，第一步要做的就是制定教学大纲。只有好的教学大纲才能保证好的教学质量。制定合理的教学大纲是建立教学体系、安排教学任务、组织教学过程的基础。教学大纲一般是在教育部门的指导下，统观全局，由教育学家或相关专家研究制定的。教学大纲符合教学规律，在一段时间内相对稳定，但从长远来看，也要不断进行调整和修正，以适应社会的新发展和科学技术的进步。

教育管理者要改变传统的教学观念，及时修改和调整教学计划。原因有以下几点：一是社会对人才的要求在不断变化，教育管理者需要结合科学技术和社会经济的发展实际，及时调整教学计划。二是就人才的成长而言，大学只是学习的一个阶段，是终身学习的一个组成部分，并不是学习的终点。因此，大学期间的学习不但要加强专业知识的积累，更主要的是掌握学习方法，学会做事，注意提升创新能力与创造力。三是从整个世界来看，经济全球化的趋势发展迅猛，国内的教育也要注意对国际化人才的培养。信息化时代要求高校教育紧跟时代发展，准确预测社会对人才要求的变化，培养符合国家要求的人才。要达到深化教育改革的目标，就要加强对信息技术的合理应用，科学设计教育规划，并对其进行实时监控和及时反馈，使高校毕业生尽量满足社会的要求。

三、互联网环境下高校教学计划的制订

（一）制订教学计划的要求

互联网环境下的高校教学计划应该满足以下两点要求：一是客观性，要尽量按社会主义市场经济的要求，设计多种人才培养模式，尽可能多地考虑未来环境的变化；二是灵活性，学生要找到适合自己发展的模式，学校要尽可能提供不同种类的模式。

在信息技术大范围推广应用的进程中，远程高等教育有了长足发展，任何科目、任何内容，学生都可以借助网络进行学习，不限于时间和空间。因此，在安排教学时，需要充分合理地应用信息技术，让学生拥有选择的空间，还要针对不同学生的不同特点设计符合其个性的教学过程，将学生培养成整体素质高、基础扎实、专业能力优秀、知识全面的人才，让他们能借助网络拓宽眼界，扩大知识面，拥有终身学习和可持续发展的能力。

（二）制订教学计划的一般程序

制订教学计划的一般程序为：对人才培养目标和业务类示范进行专业分析—了解有关文件和规定—提出意见和对学校教学计划的要求—主持制定教学纲领—系（院）教学委员会进行审议—学校教学工作委员会复审核查，核查签字后由执行校长签字确认。

（三）教学计划的内容

高校教学计划的内容主要包括以下两个方面：一是确立合理的专业培养目标，二是设置合适的课程。因为培养目标、课程设置与人才培养息息相关，在课程设置和专业培养目标的确立上，应主要应用调查的方法。调查的基本步骤包括：①凭借理论分析提出若干备用的选项；②发放调查问卷，让被调查者在选项中进行选择；③对调查结果进行统计分析，按照被选择次数的多少对各个选项排序；④制定一定的规则，看看哪个选项占的比重较大。在整个过程中，要充分利用信息技术，借助网络收集调查信息，然后对调查结果进行统计分析，得出结果。

四、改革学生的培养方式

信息时代要求人才具有更高的素质，改革人才的培养方式和管理模式是必要的。信息技术为教学改革提供了条件，网络教育的重要贡献是它能使每个人都找到适合自己的学习方法，它也能使每个有抱负的学生梦想成真。在未来的学习环境中，每个学习者都是特殊的。

互联网环境下改革学生的培养方式主要体现在三个方面。

（一）在教学中促进"参与式"教学法

"参与式"教学法主要以提问式教学活动、开放性内容为特征，问题无标准答案，作业、论文也很少甚至没有，能给学生充足的时间和空间自由思考，学生利用网络收集相关信息来解答问题，通过对问题的解答来完成知识的学习与内化。在这样的学习实践活动当中，学生不但掌握了借助网络解答各种问题的能力，而且学会了与"问题"有关的知识。

（二）培养学生的实践能力

很多情况下，实验资源的不足会影响实践教学的水平。在资源不足的情况下，可以利用计算机和网络编制具有虚拟实验室功能的软件，学生可以模拟操作，如利用计算机软件在虚拟实验室中解剖青蛙。虚拟实验室的优点是成本低，如果实验失败可以重来，学生可以反复练习直到熟练掌握；虚拟实验室还可以解决实体实验室中肉眼不可见、实验过程危险、实验环境难以建立等问题，满足了实践教学的要求。

（三）鼓励学生跨学科学习，培养全面人才

当今社会，随着信息技术的发展，新的学科不断涌现，这些学科大部分是由学科交叉形成的。打破不同专业教育壁垒，建立交叉学科培养机制，构建跨学科教学环境，培养跨学科人才，可以借鉴国外成功的跨学科教学经验。要培养全面的跨学科人才，就要以培养计划为基础，为学生选定必修课程，这些课程是跨学科的，包括文学、理学、工学等，以便提高学生的综合分析力，培育学生的创新思维和创造力；要提供多种专业、多类课程、

多个教师让学生选择，这样学生就能根据个人兴趣制订自己的学习目标，进行自主学习；要完善相关课程，抓住交叉学科的关键点，组织多学科的力量开展教学，形成跨学科的教学模式，激发学生的创新意识，促进学生全面发展。

五、加强课程管理

在信息时代，知识变得越来越重要。高校课程管理要特别注意以下几点：一是课程的整合，对不同学科的课程研究越深入，整合程度就越高；二是课程体系的完整性，课程越多，内容越丰富，体系越完整；三是课程体系的可持续发展，随着科学技术的发展，要及时调整和更新课程体系；四是课程体系的平衡结构，课程体系的平衡是指层次结构和内部关系以及相互之间的配合度达到平衡。

根据这些指标，在优化课程体系时，应该注意以下几点：

首先，教学内容要具有思想性、科学性、前沿性和创新性，因此，课程内容要及时更新。可以将最新的科学研究成果引入课程中，激发学生的学习兴趣，以课堂教学和网络教学相结合的方式，积极开展教学。

其次，要重视跨学科课程建设，重视理工类和文学类学科的相互渗透，密切关注综合学科和交叉学科的创建。同时，在师资方面，应加强教师队伍建设。前哈佛大学校长科南特曾说："大学的荣誉不在于学校建筑的数量，而在于其教师的质量。"

再次，要重视总结近年来课程体系和教学改革的成果和经验，吸收有用的部分，积极扩展教学内容，推进教学改革。

最后，注重课程比例的合理设置。如今高校基本实行学分制管理，学生的课程分为必修课和选修课，必修课和选修课之间要有合理的比例，目前选修课的占比还有待提高。此外，可以把必修课也加入选课系统，如把数学、物理、计算机应用、英语等课程设置为不同等级，学生可以根据专业方向和自己的兴趣选择相应的课程。

六、建立科学规范的教学评价体系

在教育评价中，教学评价是至关重要的，教学评价就是依据特定的教学目标，在一定的教学系统里搜集信息、精确理解，并进行科学全面的分析，从而让评价能客观有效，使教学质量的提升有一个依托，也为改革提供一些凭据。教学评价的意义十分重要，它可以用以指导，也可以帮助决策，还能进行适当的反馈。20世纪90年代以来，中国高校教学评价工作得到了极快的发展。目前，全国已有1000多所高校接受了本科教学评估。基于提升教学质量的目的，多数高校已经进行了教学评价。

根据高校教学的特点，教学评价的体系应当全面且多元化。教学评价的对象和主体是首先要确定的。教学评价的对象可分为三种：整体教学评价、专业教学评价和一般教学评价。对一个学校进行教学评价要有宏观的观点，对环境质量、办学水平以及专业人才进行全面的评价即整体教学评价；对专业教学水平进行深入而全面的评价就是专业教学评价，主要应注意教学质量和办学特色；对综合水平进行微观评价是一般教学评价，也就是关于课堂的教学评价。教学评价的主体多样才能更全面而深入地进行评价，评价有自评和他评。依托网络和计算机技术，使用软件进行评价，整合后对信息进行分析处理是通用的方法。

教学评价要有不同的评价标准。对于学生而言，不同情况下标准应不同，学生的多样性除受先天因素影响外，后天环境因素影响以及后天接受的教育在学生的成长中也起着重要作用，学生自我认知和付出努力的不同让他们成了独特的个体，形成了较大的差别。因此在对其进行教学评价时也应有差别。

第三节　建设高素质的教育管理队伍

很多因素影响着教育管理的质量，包括人力、财力、物力、信息等。教育管理者是这些因素中重要的因素，因为人是主体，更是管理的第一要素。制定教学规划和纲要、安排学习内容和课程，组织学生考试、毕业设计和实践，各个阶段都不能没有教育管理者的参与。互联网时代，教育管理质量受到多方面影响，要想实现管理高效能，建立高素质的教育管理队伍是至关重要的。

一、高校教育管理队伍的现状分析

（一）教育管理人员的现状

高校教育管理人员是指计划和协调教学活动、对学生进行管理并提供服务的人员。

目前高校教育管理人员存在以下问题：

第一，知识结构不完善。很多教育管理人员没有系统学习过教育、管理及心理学的学科知识，甚至没有相关岗位的工作经验，也极少有深造的机会，在实际工作中，只能依靠一些实践经验。教育管理人员深入了解及概括总结工作内容的机会较少，加上没有学习过关于管理的知识，因而知识的结构不完善。

第二，知识更新慢。社会发展进步的速度越快，新旧知识之间的更迭速度就越快。在传统的教育管理理念下，教育管理人员只负责事务性工作，不必具备过多专业化的知识和技能。在这种思想的影响下，很多教育管理人员都不积极学习和改进个人工作内，拒绝接受新知识，因此也就无法追赶上时代和教育管理改革的步伐。

第三，动力不足。高校教育管理人员较之授课教师，工作时间、薪酬、职称都不一样，使得很多管理人员情绪不好，幸福感缺失，缺乏创新意识和创造力。

第四，信息管理意识淡薄，管理效率低下。教育管理人员不懂也不愿去提高现代信息技术的使用效率是有原因的：一是教育管理人员对信息技术懂得很少，对于怎么使用信息技术无从下手。二是某些中层管理干部因为过去的管理模式的局限，对管理信息不太关注，同时害怕新技术使自身的权威性下降；三是管理人员一直以来习惯了使用纸张记载，不愿意改变；四是高校行政管理仍有"大锅饭"的现象，新技术的运用与管理人员自身权益没有很大关系；五是即使信息管理系统相当完备，然而各高校应用的软件不同，无法共享和交流，使得管理人员的积极性降低。

（二）教育管理队伍的现状

目前教育管理队伍存在以下问题：一是高校教育管理队伍整体素质低，流动性强。以往的高校教育管理的领导、干部基本上来自教学或研究前沿，他们不重视教育管理，更新管理业务的机会不大，流动过于频繁。二是高校教育管理队伍结构不合理。目前，教育管理团队满足不了时代要求，管理结构不合理，管理队伍成员知识和能力欠缺。

二、互联网环境下对教育管理人员的素质要求

知识密集、高新技术、人才聚集、思维活跃、信息渠道畅通，这些都是高校的特点。信息技术快速发展，教育管理人员的素养也有待提高。针对这样的情况，教育管理人员应该做到以下几点：

第一，树立强烈的服务意识。管理的本质就是服务。教育管理人员不能把自己当作掌握权力的管理者，而应该当作服务者，服务于学生，服务于教师，服务于教学，进而服务于崇高的教育事业。

第二，掌握教育理论和专业知识。身为教育管理者，掌握教育科学及其规律是基础，其他专业的知识也必须熟悉，如教育学、教育心理学和管理学，这样才能使科学教育和教育管理得以实现。高校的管理人员要具备充足的理论知识，同时要掌握高等教育改革的方向。再者，必须具备相关专业知识。教育管理工作是对学校现有的一切资源实施有效而科学的管理，所以必须学习相关专业知识，包括计算机方面有关管理的方法和档案学的知识等，才能应对教育管理工作操作的复杂性。

第三，掌握现代信息技术，具有良好的信息素养。现代信息技术的飞快发展要求教育管理人员必须掌握不断更新的技术，这样才能使管理效率不断提高。教育管理人员不仅要拥有极好的信息素养，还要会使用现代的信息技术。例如，教育管理人员在教育管理中要会用信息检索获得知识和需要的信息、会使用教育管理软件、掌握一定的英语知识、提高教学信息化管理的敏感性、了解学生具备的信息并清楚其需要的信息，这样才能使教学的质量提升，从而提升管理的效率。

第四，具备较强的能力。随着教育体制改革的不断加强，教育管理者只有具有较强的组织决策能力，才能顺利地制订教学计划，制定切实可行的政策措施，对整个教学过程进行加工，并结合学校自身的优势做出科学合理的决策。此外，教育管理者要查找资料，深入研究，准确把握国内外各大高校特别是精英院校的教学情况以及世界教育改革的趋势。还要处于教育管理和教学一线，参与课堂教学，经常了解教学情况，对高校教学进行调查和研究，掌握整个学校的发展趋势，做好教育管理。同时，教育管理是一门科学，实施教育管理和教学研究，是教育管理者的共同任务。为了正确管理，提高教育管理的质量和效率，教育管理者有必要专门研究教育管理的特点和规律。最后，教育管理者要勇于创新，敢于开拓，培养良好的集体合作能力。对高校的教育管理者来说，创新创造能力是不可或缺的，在工作中勇于创新，推动教育管理的进步是很重要的。

三、全面提高教育管理队伍素质的方法

教育管理不是一般的行政管理，而是具有学术管理和行政管理的双重功能。没有一支强有力的教育管理队伍，就不可能有一流的教学水平和教学质量。在信息时代，只有提高教育管理队伍的素质，才能促进高校的进步。要拥有高素质的团队，就要做好以下几方面工作：

首先，提高高校教育管理者的素质。教育管理团队是由个人组成的，所以建立一支高素质的管理队伍，全面提升教育管理者的综合素质是重中之重。培训管理人员要做好以下几项工作：一是岗前培训。邀请有资质的教师和专业的人员进行培训，如心理学及管理学培训等。二是在岗培训。坚持在职学习的原则，采取灵活的培训模式，理论联系实践，通过网络学习提高管理人员的综合素质和信息素质，特别是计算机和网络技术，使之可以有效使用校园网与互联网办公和学习。三是持续学习。要有意识地提高教育管理人员学习的意识和能力，使他们能掌握一线教学的情况，不断学习。

其次，提升高校教育管理队伍的素质。这不仅关系到教育管理人员的个人素质，而且关系到教育管理队伍的整体状况。如果结构合埋，彼此促进，会让队伍成员富有集体感，利于凝聚力与向心力的加强，便于队伍成员积极主动地创造和发展，使教育管理队伍整体更好。教育管理队伍的结构是提高其素质的关键。优化教育管理队伍结构必须做到以下几点：一是优化教育管理队伍的年龄结构。不同年龄的人发挥各自优势，进行经验互补，可以形成良好的整体效果。二是优化教育背景和职称结构。就教育管理而言，队伍成员的职称和学历要满足梯次结构的要求，决策、管理和具体的事务性工作分工不同，各司其职，形成互补。三是教育管理队伍成员人格的互补，恰当组合不同个性特点的成员利于形成良性合作。

最后，提升高校教育管理者的积极性。建立竞争和激励机制来教育引导管理人员，从

而提高他们的积极性。责任、制度和奖惩是岗位责任制的三个主要环节。在**管理**中，责任制是管理制度的核心，不同岗位要承担的责任不同，要组成一个和谐的团体，就要对不同岗位的人有不同要求。同时，要有详细的制度和标准，如**薪酬制度、绩效评分制度**等。制度要落实到各个管理人员，使其在一定压力下进步。另外，需严格对管理人员进行考核，对于能力高的人要及时鼓励，合理奖励，对于工作态度差、能力低的人，不再聘用。在奖励时要特别注重以下几点：一是注重物质和精神两方面的奖励。二是奖励时要区分不同的级别，然后分别进行奖励。三是应用多元和动态的奖励方式，即在管理人员的各个成长阶段用不同的手段给予激励。

第四节　教育管理与大数据紧密结合

一、完善教育管理制度

教育管理系统是根据国家教育法律、法规等，由上级领导部门决策并制定条例与规则形成的系统。教育管理作为教育的重要手段，能够维护正常的教学秩序，是一个国家教育政策和制度的组成部分。

高校的教育管理制度主要有四部分：一是教育材料的管理，如教学计划、课程安排和总结等；二是学生学业进程的管理，如考试、教课进度和课程的调换等；三是教师和教育管理人员的责任和奖惩制度；四是学生的管理系统。

为了提高教学质量，不仅要完善原有的教育管理制度，还应立足于各校实际，建立新的制度。具体可以从以下几方面操作：一是确立会议制度，按期举办教学研讨会并进行会议指导，使教学可以制度化；二是要把管理制度化和规范化；三是应合理安排考试，重视管理考试程序并制度化；四是建立和完善毕业生就业质量评价体系，不仅要分析评价结业论文，还要有后续的了解，对毕业生多加关注；五是应安排专门人员对教学管理进行合理监督；六是研究革新教学体系；七是职业教育的评价要标准化；八是关注教学成果的情况，如各种国家等级考试的合格情况等。

此外，还应依托于大数据对高校教育管理制度进行有益的补充。从信息化标准角度出发，高校教育管理信息化应建立在国内外交流的基础上。从信息化体系出发，校园网和图书馆是校园信息传播的两个重点，要加强对它们的建设，尤其要有配套的管理方法。从管理主体出发，要对教育管理人员进行信息技能培训，提高其信息管理的水平。

二、发挥校园网对教育管理的推动作用

教育管理信息化的基础是校园网络平台的建设，主要表现在：第一，要特别注重校园网的作用，尤其要考虑整体的发展，合理规划。第二，统筹设计，合理规划软件开发和校园网建设，做好网络接口，按实际情况分阶段建设网络，使管理效益最大化。第三，软硬件要结合起来共同建设，设计软件耗时长，进行网络线路改造耗时更长。教育管理的信息系统建设要尤为关注软件的兼容性。第四，要专门应用"三点技术"和"七大管理"，达到最好效果。学校应该安排认真负责、技术过硬的老师担起校园网管理的重任，有效助推网络的多方面应用。第五，加强培训。学校应重视对教师实施专业化的教育培训，合理制订培训计划，使校园网满足使用者差异化的需求，产生对校园网的认同感，而不是对其有抵触心理。第六，加强对校园网的使用。建设校园网的最终目的是创造管理效益，只有加强对校园网的使用，才能不断对其进行完善，真正发挥和增强其价值。

三、保障教学资源的投入

没有丰富的物质资源作为基础，就无法充分发挥教学价值，高校教育经费不足，会造成教学品质降低，教师与教育管理人才投入不足，严重影响教育管理工作的开展。

事实上，高校对人才的培养投入不仅是硬件资源的投入，还包括软实力的投入，只有两方面兼具，才能实现高效率的管理。首先，不能单单依靠政府投入，而是要建立各种投资系统，寻找引资方法。其次，合理规划经费分配。最后，待遇从优，使教师没有后顾之忧，专心致力于教学，改变教师短缺的现象。

第五章　教育评价的基本理论

　　教育评价是教师、教育管理工作者经常进行的一种活动，作为教师，我们经常评价学生学习的进度，评价自己的教学水平；作为教育管理工作者，我们经常评价学生学习的成果，评价教师教学的质量。教育评价体现了一定的改革思想与发展方向，它能起到指导与纠偏的作用；教育评价通过激励使思想得以解放，使行为具有力度，使结果具有成效。因此，教育评价为政府、教育行政部门及各级各类学校所重视，已经成为激励教育改革、规范办学行为、促进教育发展的重要策略，在我国教育事业的发展中起到了巨大的作用。

第一节　教育评价的概念

一、评价和教育评价的概念

（一）价值和评价

　　价值是个含义广泛的范畴，它既是经济学范畴，又是伦理学、社会学、美学等范畴，同时更是一个哲学范畴。对于什么是价值，学术界分歧很大。到目前为止，主客体关系论仍然是影响最大的一种观点。这种观点认为，价值是主体需要与客体的一种关系，当主体需要时，客体在某种程度上满足了主体的需要，这就形成了客体对主体的价值。价值的有无和大小，是由客体满足主体需要的程度决定的。客体是形成价值的前提，主体是形成价值的基础与核心，离开主体的需要谈论客体的价值是毫无意义的。

　　评价（"评"，即评定、评判，"价"，即价值），即评定价值或评判价值，是根据一定的标准对客体满足主体需要及其程度做出判断的过程。评价是大量存在于人们日常生活和社会生活中的一种认识活动。在社会生活和日常生活中，人们同各种各样的事物打交道，发生着各种各样的联系，而人们总是根据自己的需要和一定的标准做出某物是好还是坏、是善还是恶、是美还是丑的判断，用以指导自己的行为，达到趋利避害的目的。这个活动过程，不管是自觉的还是不自觉的，都是对事物的评价，即对事物做出价值判断。

（二）教育评价

教育是一种有意识、有目的的社会活动。教育评价就是对教育活动的价值做出评判，以推动教育活动的发展。关于教育评价的界定，目前国内外学者还没有达成共识。不同的定义中，侧重点有所不同。

第一种，强调教育评价能够判断教育目标或教育计划的实现程度。美国教育学家拉尔夫·泰勒认为，教育评价的过程在本质上是确定课程和教育大纲在实际中实现教育目标的程度的过程；我国台湾地区的李聪明认为，教育评价是利用所有可能的评价技术评量教育所期望的一切效果。

第二种，强调通过评价搜集信息，为教育决策服务。美国学者李·克隆巴赫认为，评价是为做出关于教育方案的决策收集和使用信息；美国学者斯塔弗尔比姆认为，评价是为决策提供有用信息的过程。

第三种，强调教育评价是考察教育成绩的一种手段、方法。日本学者长谷川荣认为，教育评价就是系统地、有步骤地从数量上测量或从性质上描述儿童的学习过程与结果，据此判定是否达到了所期望的教育目标的一种手段；我国一些学者认为，教育评价是一种新的教育成绩的考查方法。

第四种，强调教育评价是对受教育者的变化及其引起因素做出的价值判断。我国一些学者认为，教育评价是指按照一定的价值标准，对受教育者的发展变化及构成其变化的各种因素进行的价值判断。

第五种，突出满足社会和个人需要程度的判断。我国学者陈玉琨认为："教育评价是对教育活动满足社会与个体需要的程度做出判断的活动。"

借鉴上述定义特别是第五种定义的思想，笔者将教育评价定义为：教育评价是评价者根据一定社会确定的教育目标和价值标准，对教育活动满足社会与受教育者需要的程度做出判断的活动。

把握这一定义，要重点理解以下四点：

第一，评价依据。任何教育都是一定社会的教育，教育目标是一定社会所规定的，它不仅决定着教育方向和人才培养目标，也决定着教育行为的具体取向，因而，教育评价必须以教育目标为基本依据。从根本上说，教育评价就是评判教育目标是否实现及实现的程度。价值标准是一定价值观的具体化，它既体现在教育目标中，也规定着教育评价的价值取向。没有价值标准，就无法对教育活动做出价值判断。每一具体的、特定时空的评价，都有自己的具体评价标准。但这些标准都是基本价值标准的具体化和细化，归根到底都是由基本价值标准决定的。我国的经济结构是多元经济结构，价值观也是多元的。在多元价值观存在的社会里，教育评价要以主流的价值观以及由此制定的价值标准为依据，只有坚持这一点，才能保证教育评价的正确方向，也才能促进教育活动价值增值。

第二，评价界域。从参与者或载体来说，包括学生、教师和管理者等；从活动类别来看，有学习活动、教育教学活动、管理活动等；从每一活动的内容来看，更是五彩纷呈。教育评价的界域是教育活动的全部，包括对一切教育活动的评价，对与教育活动有关的一切人员、机构、方案等的评价。

第三，评价本质。教育评价的本质是价值判断。教育是人类有意识的、自觉的社会活动，它受制于社会的政治、经济、文化发展，又能动地满足社会的政治、经济、文化发展的需要，而教育满足社会政治、经济、文化发展的需要又是通过人才培养实现的，这就是教育的价值，也是教育存在和发展的根源。教育的价值不是被动的，而是能动地为社会和个人发展的需要服务。教育评价就是要对教育活动提供给社会和个人发展的价值做出判断，借以增加教育活动的价值，推动社会和个人的发展。

第四，教育评价要关注社会发展的需要，也要关注受教育者个人发展的需要。教育活动的主体，既包括社会，也包括受教育者个人。教育活动既要满足社会的需要，也要满足受教育者个人的需要。教育评价不仅要对教育活动满足社会需要的程度做出判断，也要对其满足受教育者个人需要的程度做出判断，两者不能偏废，不能扬一抑一，更不能取一舍一。教育满足社会需要是教育的社会价值（外在价值），这是教育的重要价值；教育满足受教育者个人需要是教育的个人价值（内在价值），这也是教育的重要价值，甚至是更重要的价值，因为教育满足社会的需要，主要是通过培养具体人才来实现的。因此，衡量教育价值，既要视其满足社会发展需要的程度，也要视其满足个人发展需要的程度。

二、教育评价的相关概念

（一）教育评价与教育评估、教育评定

一般认为，评估、评定与评价的概念相近，在实践中常将三者在同一意义上使用。评价是指评判价值，是价值判断的过程。评估和评定中的"评"也是"评量""评判"的意思，而"估"具有"估计""估量""推测"之意，"定"有"确定""断定"，对客体做出结论之意。因此，评估、评定也都是价值判断的过程，只不过评估的模糊定量的属性突出些，评定的精确定量的属性突出些。由于它们都是价值判断的过程，所以可以统称为"评价"。我国学者的意见是，在评价实践中可以根据评价对象涉及因素的多少和复杂程度的不同分别使用评估或评定。例如对教育机构、教育团体、学校、教育计划、方案、政策等涉及因素较多、复杂程度较高的对象，评价时采用精确的定量分析方法比较困难，因此常采取定性与定量相结合、质性描述资料与客观统计资料相结合的手段进行价值判断，对此称为"评估"比较符合实际。而对于学生等个体的评价，涉及的因素比较少，尤其是对学生学习成绩的评价，可以用测验的方法进行精确测量，在此基础上对照常模或标准做出价

值判断的结论，人们常称其为成绩"评定"。评估、评定实质上都是对客体做出价值判断，故不做区分，均称为"评价"。

（二）教育评价与教育统计

教育统计学是将数理统计学的理论和方法运用于教育领域，从数量的角度研究教育现象的数量特征、关系、规律等的一门应用学科。它通过对数据的分析和处理，准确地掌握教育的状况、规律，为制定教育方针、政策以及教育方案等提供科学依据；它是进行教育科学研究和教育管理的工具，也是教育评价的工具。教育评价中获得的大量评价信息要靠教育统计提供的方法进行处理，例如描述评价对象的一般水平状况，各项评分结果的汇总、比较，评价工具及评价结果的质量分析等。教育统计为教育评价提供处理数据的工具，也为评价结果的质量提供保证。

（三）教育评价与教育测量

测量是刻画事物的量。任何事物或现象都有质的规定性，也有量的规定性，人们对任何事物或现象的认识，都包括对其质和量的认识，我们对教育现象或活动的认识也包括了对其质与量的认识。教育测量就是根据一定的理论、规则，运用一定的测量工具对教育现象进行数量化描述的过程。教育评价和教育测量既有联系又有区别，教育评价是对教育活动价值的判断，这一判断是以对评价对象的客观描述为前提的，没有对评价对象的客观描述，就不会有对评价对象价值的客观判断。因此，教育测量是教育评价的基础，教育评价要在教育测量所获得的客观信息的基础上进行。同时，教育测量的结果要通过评价才能获得实际意义，否则它只是一堆抽象的数字而已，很难成为对决策者有参考价值的信息。例如某学生语文得 80 分，这是一个测量的结果，那么这个 80 分是属于好的成绩还是差的成绩，不把它放在一定的标准下进行比较判断，只凭这一数据无法说明被评者的成绩好坏。由此可见，教育评价与教育测量有密不可分的联系。

教育测量与教育评价的区别主要表现在：①测量是对事物数量特征的获得，纯属于对事物客观存在真理性的认识，它强调数量化的方法与结果；而教育评价则是对教育现象客体的价值进行判断，是对教育现象的价值关系的认识，它强调使用定性和定量相结合的方法，其结果多为定性的质的描述。②教育测量是一种纯客观的过程，其突出特点是客观性；而教育评价则具有两种属性，即客观性和主体性，教育评价是客观性与主体性的统一。③测量的任务是对事物的量的认识，一旦获得欲测数据，测量的任务就完成了；而评价作为一种认识活动是人的主观意识对客观事物的活动过程及其结果的综合反映，它反映的既是该事物的过程和终点，又是新的认识和实践活动的起点。

（四）教育评价与教育督导

督导，是监督、检查、指导。教育督导是指行使督导职权的机构和人员，受本级政府或同级教育行政部门的委托，依据国家有关的教育方针、政策和法规，对下级人民政府的教育工作、下级教育行政部门和各级各类学校的工作进行监督、检查、评估和指导，以保证国家有关的教育方针、政策、法规的贯彻执行和教育目标得以实现。

教育评价和教育督导既有联系又有区别。其联系表现为：教育评价是教育督导的重要环节和手段。两者的基本目的和过程一致，都是为了加强对教育工作的科学管理，全面落实党的教育方针，提高教育质量，实现教育功能。两者都必须在客观搜集评价信息的基础上进行价值判断，反馈评价信息，指导被评者改进不足，提高工作质量。另外，两者活动的基本依据一致，评价和督导活动都必须以国家的教育方针、政策、法规为基本依据，尤其是对各级各类学校的评价和督导更应如此，不能偏离方向。

教育评价与教育督导的区别主要表现在以下三个方面：①对象的范围不完全相同。教育评价的对象包括了与各级各类教育活动有关的一切人和事；而教育督导更多地指向教育行政部门和学校涉及与国家教育方针、政策、法规有关的教育问题，对教育活动方案及教育方针、制度本身的评价不属于其工作范围。②主体不完全一致。教育评价的主体可以是他人，也可以是自己，既可以是教育行政部门、领导、社会、专家、同行，也可以是被评者自己；而教育督导是自上而下的他人评价，督导中的评价主体是人民政府或教育行政部门，是行使督导职权的机构受本级人民政府或同级教育行政部门的委托，对下级人民政府的教育工作、下级教育行政部门和学校的教育工作进行督导。行使教育督导职权的机构设有相应的专职督学人员，也可聘兼职督学，政府赋予他们督导权力，其他人员不能代替。③对结果的使用要求不同。教育评价的结果主要用于鉴定、选优、改进工作，或为方案决策提供依据等，评价主体对被评者有建议、指导、帮助的责任，没有制止某种行为的权力，评价结果可以和某些政策挂钩，也可以不和某些政策挂钩；而教育督导中对被督导单位违反方针、政策、法规的行为，督导机构或督学有权予以制止，督导机构或督学提出的意见和建议，如无正当理由，被督导单位应当接受，并采取相应的改进措施。

三、教育评价的研究对象

教育评价作为一门科学，同一切科学一样，有其特定的研究对象。教育科学群的各门学科都是以人类社会所特有的教育现象为研究对象的。这是教育科学群同其他门类科学最根本的区别。在教育科学群中，有的是以教育现象整体为研究对象，有的是以教育现象的不同领域或不同层面为各自特定的研究对象，这是教育科学群中各学科的根本区别。那么，教育评价作为一门科学，它的研究对象当然离不开教育，它是以对教育领域中的各个要素、发展过程、系统整体的价值关系及其教育价值目标的实现过程、实现程度、结果以及对其的解释、判断为研究对象，从而揭示教育评价活动的规律性。教育评价作为一门科学，其内容包括教育评价的基本理论、教育评价的技术与方法、教育评价实践等，这些内容从不同方面、不同层次上揭示了教育评价的规律性。

教育评价又是一种活动。作为一种活动，教育评价的对象应该包括教育活动中的一切现象和结果。日本学者将这些对象按照从核心到边缘的顺序整理划分为六种水平的评价对象。

第一种水平的评价对象是教育活动中的核心对象，也是教育评价最重要的对象，即每个学生。教育活动的前提条件、发展过程、成果等首先都必须依据学生的能力、行动、状态来进行评价。因此，在狭义上使用教育评价这个概念时，就是仅以学生为对象的。在这个意义上也可以说学生在教育评价中占据着核心的地位。

第二种水平的评价对象是教育活动。根据为促使学生沿着一定方向成长发展而规划的教育活动的有效性来评价教育目的的实现。包括教学的评价、学校例行活动的评价、班会以及学生会活动的评价等。

第三种水平的评价对象是直接规定教育活动内容、方式的教学计划和教师。教育活动的状况直接受这两者的制约。

第四种水平的评价对象是潜在地影响着每个学生成长发展的学校的社会文化背景，即那些隐蔽的课堂，如学生集体、包括教师在内的班级、教师集体和学校的整体状况。它们都和制约教育活动的集体条件有关，同时又和集体成长发展的成果有关。

第五种水平的评价对象是学校的环境条件，主要有学校面积、基本设施、周围的社会环境等。这些都是和教育环境有关的对象。

第六种水平的评价对象是以学校为构成要素的范围更广的教育体制，即教育行政体制和学校教育在整个社会中的地位和职能等。这些都是从根本上规范每个学校教育活动的具有指导性的各种条件。

从以上表述中可以看到，教育评价作为一门科学时的研究对象与作为一种活动时的研究对象是不同的，两者既有区别又有联系。教育评价作为一种活动时的研究对象是作为一门科学时研究对象的载体、附着物，两者既不能等同，又不能割裂开来，应当在它们的区别和联系中把握两者的关系。

第二节　教育评价的功能与特点

一、教育评价的功能

所谓功能，是指一定材料按一定结构组合之后所具有的工作能力。认识事物的功能有助于人类更好地利用事物。例如刀有切割的功能，我们可以用它切菜，切水果等。功能是事物本身具有的能做什么的能力，教育评价的功能是教育评价所具有的效能，或者教育评价所能发挥的积极作用。认识教育评价的功能，是为了在教育活动中更好地运用这一工具，使其充分发挥积极作用，更好地实现评价目的。教育评价的功能是多方面的，这里概括提出以下几种功能。

（一）导向的功能

导向即引导方向。做任何事情都不能没有方向，方向在人的行为中起航标的作用。由于教育价值趋向多元化，所以评价的导向更加重要。在教育评价活动中一般要根据评价目标设计评价内容和标准，然后依据评价内容和标准进行评价。评价内容、标准与结果存在内在联系，不同的评价内容、标准会得出不同的评价结果，因此，评价内容和标准就像一根指挥棒引导评价活动的方向。在实际的教育活动中，教育评价的导向作用十分明显。例如，教育评价评什么，教育活动的实施者就重点抓什么；评价主体给予怎样的教育行为以高的评价，教育活动的实施者就趋向于采用怎样的教育行为。评价能引导行为的方向和侧重点。同时，评价目标对于社会或个人都是有意义的，所以人们在实现目标的过程中，又会根据自己对目标价值的判断来决定努力的程度。如果目标价值大，就会表现出较高的积极性；如果目标价值不大，就会表现出较低的积极性。可见评价对象的积极性受目标价值的影响。

发挥教育评价的导向功能，要求在制定教育评价方案时，既要考虑社会的需要，又要注意满足被评者的需要，把被评者引导到既符合社会发展规律，又能满足个体需要的目标上去。发挥评价的导向功能，主要是通过建立以评价内容和标准为核心的评价体系实现的。例如，为了更好地实现课程改革的目标，我国提出要建立发展性的学生评价体系、教师评价体系和教学评价体系，确定以促进学生的自主全面发展、促进教师提高和改进教学实践为目标的教育质量评价标准，强化了评价的导向功能，引导教育行政部门、学校、教师，调节教育方向、教育教学目标和教学行为等。

（二）诊断的功能

教育评价通过获取教育活动的实际状态、影响教育活动的因素以及教育活动对参与者的影响等方面的信息，对其进行整理、分析，能够发现教育活动或评价对象哪些地方存在欠缺或偏离了目标要求，使评价对象发扬成绩，改进不足。教育是一种有目的的活动，为了达到预定的教育目标，我们必须对教育者和被教育者进行有效的指导。有效的指导来自准确的诊断，教育评价能帮助人们找出关键问题，准确的诊断有利于教育活动的改进和教育教学质量的提高。

发挥教育评价的诊断功能，要求评价者既要熟悉教育活动，又要摆脱经验的框架，每一次评价，都要实地了解教育活动的各种信息并认真分析，才能对这一具体的、特定的教育活动做出全面的、切合实际的诊断。

（三）鉴定的功能

鉴定，指对教育活动成效优劣的甄别，常与总结性评价密切相连。鉴定具有选拔、分级的效能，能实现对同类评价对象之间优劣、高低的比较。在教育评价中，鉴定可以归为三种类型。一是水平鉴定，根据一定的标准，鉴定评价对象达到标准的程度。例如鉴定学生的发展水平，教师的教学水平，学校的管理水平等。二是评优鉴定，即通过对评价对象之间的比较，评定优者。三是资格鉴定，即对评价对象是否具有从事某种活动的资格进行鉴定。如教师资格、管理人员资格的鉴定等。

早期的教育评价，以发挥评价的鉴定功能为主要特征，例如泰勒的"行为目标模式"发挥的就是这一功能。现代教育评价要全面实现鉴定的功能，教育评价鉴定功能的发挥，有赖于教育评价内容和标准的科学性以及评价结果的可靠性和有效性。

（四）改进的功能

改进的功能是现代教育评价的主要功能。教育评价的改进功能与形成性评价、诊断性评价密切相连。教育过程是一个不断发展变化的过程，需要个断完善和改进才能保证和提高教育教学质量。教育评价作为教育活动的重要环节、教育管理的重要手段，本身就是改进教育活动的具体体现。伴随对教育活动的评价，通过收集、筛选、分析加工评价对象的有关信息，能够真实地将评价对象的状况显示出来，帮助我们发现评价对象存在的主要问题，及时将信息反馈给评价对象的有关当事人，为他们分析问题的产生原因，及时解决问题提供重要依据。

评价的改进功能的实现，要求评价者深入教育活动的实际，了解真实情况，与被评者相互沟通，协商讨论评价中提出的问题，取得被评者的认可，并帮助被评者研究改进提高的途径和办法。

（五）激励的功能

激励就是激发动机或调动积极性。合理的、适时的评价，有利于公平竞争，能调动多方面的积极性。通过科学评价明辨是非、区分优劣，既可以为管理者的决策提供服务，也可以为被评者或被评单位提供反馈信息，使管理者、教育者、受教育者明确自己的优点与不足。知道自己工作、学习好在什么地方，能给人以发扬成绩的动力和精神上的满足，能较好地提高人们工作、学习的积极性和热情，让人们自觉地、全力地投入工作或学习；清楚自己工作、学习中的具体缺欠，能使被评者或被评单位有针对性地、自觉地改进不足之处，提高工作和学习质量，促进其不断发展。

激励功能的实现，要求评价者必须严肃、认真、负责地组织评价活动，使评价科学、公平、公正、合理，要及时、灵活地反馈信息，要让被评者积极参与评价过程，要充分利用自我评价，重视自我激励。

（六）监控的功能

教育是一个系统工程，处于不断发展变化的状态中，为了使教育达到预定的目标，我们就必须对教育系统的各个环节、各个组成部分进行有效的监控。教育评价恰能做到这一点。教育评价是教育管理的一种手段，每一次具体的评价活动，都是对教育系统的具体环节和评价对象工作的一次调控。如我国在"普教"系统开展的全国性"五项督导"检查，英国教育和科学部发布了多个通知或法令，强调对学生学习成绩、教学中的课程安排及学校的办学水平进行严格检查与评价，以加强对教育教学工作的宏观调控。管理者通过评价，监督促使被评者或被评单位按标准做好工作，同时评价结果也可使社会了解并监督教育活动的开展，从而有效地促进教育目标的实现。

教育评价监控功能的发挥，是建立在一系列严密操作程序基础上的，要求评价者必须有组织，有计划，连续、系统地搜集信息，分析信息，利用信息。同时，教育评价应成为教育的一项常规性的活动。

教育评价各种功能的发挥，是通过评价的实践活动体现出来的。但评价的功能和评价活动并不是——对应的关系，而是在评价活动过程中综合产生影响，只不过由于评价的目的不同，某一特定的评价会侧重于某种评价功能的发挥。

二、教育评价的特点

（一）教育评价是以事实判断为基础的价值判断

价值判断是评价者根据主体的需要，判断客体是否能满足主体的需要以及满足主体需要的程度。这一判断建立在对客体的情况了解的基础之上，也就是建立在对客体事实判断的基础之上。事实判断要回答客体本身是什么、怎么样的问题，而价值判断必须以事实判断为基础，回答客体对主体有什么意义的问题，判断客体在多大程度上满足价值主体的需要或达到价值主体的要求。事实判断和价值判断是人们认识外界和自我的两种最基本的方式。

教育评价的本质是价值判断，是对教育现象的价值做出判断。这一判断当然也必须以事实判断为基础，否则，对教育现象的价值判断就会成为毫无根据的主观臆断。科学研究重在事实判断，即揭示事物的客观规律；评价重在价值判断，即揭示事物的价值、意义。教育评价必须在充分获得教育现象的现状和结果信息的基础上进行，才能真实、准确地认识教育现状，自觉主动地改革教育现状，实现教育的价值目标。

（二）教育评价的基本标准是国家的教育目标

任何评价都离不开标准，没有标准就无法判断事物的优劣、高低。对教育活动的评价当然也离不开标准。虽然每一特定的评价都有其具体的评价内容、标准，但各种教育评价共同的基本标准是教育目标。

教育目标是根据人与社会发展的需要，规定教育活动的目的、方向和要求，是教育活动的结果所应达到的标准、规格和状态，它是教育工作的出发点和归宿，是评价教育活动成效的依据。教育目标可以分为总目标和具体目标，国家教育方针规定的是国家教育的总目标，各级各类学校、各科教学、各种教育活动都有自己的具体目标。总目标和具体目标是相对的，它们都可以分解为不同层级的子目标，子目标是更为具体的目标，是评价教育活动中最直接的依据。

（三）教育评价具有连续性和系统性

教育是一种有目的、有计划、有步骤的实践活动。教育现象的发展变化、受教育者的发展变化，要在一定的时空中反映出来。从纵向看，任何教育现象都是在原有的基础上发展变化来的，因此，评价教育现象要有连续性，不能仅看教育现象在某一时刻的点值，例如不能以学生的某一次考试分数论其优劣，而要看他的学习基础和努力程度等。从横向看，教育现象的发展、受教育者的成长是受多方面因素制约的，因此，评价教育现象要有系统性和全面性，教育评价必须通过各种测验、调查、访谈等方式，全面、系统地获取教育活动或评价对象的信息资料，这是教育评价赖以进行的基础。不调查就评价，只能是主观臆断。信息资料的系统性、可靠性直接影响评价结果的可靠性、有效性。例如对学生进行评价，不能仅凭学科考试成绩，而是要全面收集学生多方面的表现，进行全面评价，才能符合事实。

（四）教育评价过程是主客体互动、评价与指导统一的过程

教育评价作为教育管理的重要手段，进行评价是为了改进工作和学习方法，提高工作

和学习质量，这是评价者和被评者共同的目标。所以教育评价的评价者和被评者应是相互协商的，要尽量促使被评者参与并取得被评者的支持，重视被评者的自我评价。对于在评价中发现的不足之处，评价者应与被评者相互沟通，取得被评者的认可，并有责任帮助被评者分析原因，提供或创造条件来帮助、指导被评者改进工作和学习。如果只评价而不指导，那么评价就不是手段，而成了目的。做到主客体互动、评价和指导统一，才能达到改进工作、提高质量的目的。

（五）教育评价是一种心理特征鲜明的主观性活动

评价者对客观事物做价值判断时，一方面要以事实为基础，另一方面又受自身价值观的影响。可以说价值判断是客观性与主观性高度统一的一种活动。教育评价活动中，评价者的认识水平和一些心理因素会影响评价结果的可靠性；同时，在教育评价中，对学生和教师等教育参与者的评价是大量的，由于教育评价的主客体双方都是有感情的认识主体，个人的情感、兴趣、爱好、倾向等，都会强烈影响对教育活动的价值判断，这是价值观的主观性的必然反映。对于同一教育现象或活动，由于评价者的价值标准不同，需要不同，其评价过程和结果都可能不同。在进行或接受教育评价活动时，主客体双方必然会引发一些心理效应，或是积极的，或是消极的。因此要使教育评价达到纠正不足、促进发展的目的，就必须了解双方的需要，清楚评价过程中评价者和被评者双方可能产生的心理现象，并进行有效调控。

第三节　教育评价的目的与类型

一、教育评价的目的

人类的所有活动都是有目的的。目的，是人们在活动之前存在于脑海中的活动结果，即预定的结果。人行为的目的性，是人与动物的根本区别。教育评价的目的，是人们在开展教育评价之前规定的想要教育评价活动达到的效果，也就是教育评价主体期望通过评价过程及评价结果对教育活动产生的影响。评价的结果可能与预期的目的相同，也可能不同，这取决于评价主体对教育活动的认识和对教育评价目的的认识。教育评价的目的是开展评价活动的出发点，也是评价活动最终效果的预定，它约束着评价活动的开展以及评价的方向。特定的教育评价活动均指向一定的目的，评价的目的越清晰、明确，评价活动的效果就会越理想。教育评价的目的可概括为以下几方面：

（一）获取信息的目的

获取信息是教育评价的基础性目的。教育评价是对评价对象进行价值分析和判断，而价值判断的前提性条件是获取评价对象的大量信息。获取信息的目的没有达到，价值判断就无法进行。教育的目标要求和教育的实际过程往往存在一定矛盾，要解决这一矛盾，就必须通过评价获得有效信息，并分析、综合这些信息，反馈给相关人员，才能促进教育过程朝着目标接近。学校的教育、教学、管理是一个连续不断的过程，要保证这一过程中各方面机制的有效运行，就应该准确获得并及时反馈教育、教学和管理过程中的相关信息，而反馈的前提则是要获取信息。总之，只有达到获取信息这一基础性目的，价值判断才能进行，其他方面的目的才能达到。

（二）诊断问题、促进发展的目的

教育是一种有目的的社会活动，教育活动的根本目的是实现教育目标。然而在大量的教育活动中，偏离教育目标的现象时有发生。导致这种现象存在的原因有很多，可能是认识问题，如对客观规律认识肤浅，也可能是情况发生变化，但未能采取相应的对策。要改变这种状况，就要及时发现教育、教学和管理中存在的问题，并切实解决这些问题。教育评价的目的之一就是要诊断教育活动中存在的问题，找出偏离或背离教育目标的方面，有针对性地改进不足，以求教育活动的健康发展。评价过程是一种较全面的、科学性较高的分析过程，问题诊断中的信息要通过一定的评价过程获得，建立教育评价的制度，就是建立一种经常检查和诊断教育过程中存在的各种问题的机制，以帮助教育工作者提高教育和管理水平，促使教育目标达成。

（三）控制和监督的目的

教育评价是教育管理的重要手段，控制和监督是管理的重要环节。通过教育评价实现对教育活动的控制和监督是教育评价的目的之一，教育管理部门通过评价监督实际的教育活动与预期的教育目标或要求是否一致，监督国家的教育方针、政策和法规是否落实。教育管理部门控制教育行为沿着教育目标、方针、政策规定的方向运动，按照法规规定的原则有序推进。教育评价通过提供评价目标、内容等具体准则和相关信息为教育活动的控制和监督服务。

（四）决策的目的

教育评价是教育决策的基础，为教育决策服务是教育评价的又一目的。在教育、教学和管理中，时时处处离不开大大小小的决策、决定，要使决策、决定科学，符合客观规律，就要在进行决策前对方案进行全面的评价，对其理论的科学性、可行性等进行论证。教育评价可以为决策提供信息，通过评价提供的信息可以保证决策的科学性和最优化。

（五）激励前进的目的

对学生、教育工作者、学校等不同对象的评价，都涉及对被评者的劳动态度、劳动成果和效率的考核、鉴定。及时、客观、公正的评价，能帮助人们客观、准确地认识自己，激励人们努力工作、积极上进。通过评价找出优点与不足，区分出优劣，对先进者进行鼓励，能给人精神满足，对落后者也起到鞭策的作用。为了更好地调动广大教育工作者的工作积极性、主动性，应建立以促进发展为目的的学生评价制度、教师评价制度、教学评价制度。

综上所述，教育评价的目的是多方面的，也是多层次的。单项评价的目的是单一的，综合性评价是多种目的的有机统一。综合起来说，教育评价的目的，在于全面地控制和诊断教育的过程和行为，为提高教育质量，进行科学决策服务。教育评价的过程使教育行政部门、学校从内部改进教育活动，教育评价的结果使社会了解教育工作状况，并形成理解、支持和改进教育活动的外部氛围，从而促进教育活动适应社会发展需要，适应受教育者个人成长与发展的需要，实现社会规定的教育目标。

二、教育评价的类型

教育评价可按不同依据进行分类，主要有以下五种情况。

（一）依据功能及用途划分

依据功能及用途划分，可将教育评价分为诊断性评价、形成性评价和终结性评价。

1. 诊断性评价

诊断性评价是指为了解教育活动存在的主要问题或使教育活动的形式、内容、过程等更适合活动对象的自身条件及需要而进行的评价。在教育活动进行之前，可运用诊断性评价了解活动对象自身的条件与需求，以便针对其条件与需求确定特定活动的目标、内容、形式、方法等；在教育活动进行之中，可运用诊断性评价了解参与者存在的主要问题或活动对个别参与者不奏效的原因等。诊断性评价可以为发现问题、修订活动方案等提供依据。

2. 形成性评价

形成性评价是指在教育活动过程中，为不断了解活动进行的状况，及时对活动进行调整，提高活动质量而进行的评价。形成性评价的主旨在于了解活动的得失，为改进活动及时提供反馈信息，而不是评定成绩、判断优劣。所以形成性评价是在活动过程中进行的，评价的对象是活动进程中某一阶段的情况，目的是了解活动是否达到目标及未达要求的原因，以便改正不足，修订后续活动方案，一般不参与对活动效果的评定。

3. 终结性评价

终结性评价是指对教育活动结果进行的评价。其侧重点在于对教育活动的成果做出鉴定并将鉴定结果报告相关人员。如对学生的学习成绩进行评定，将其报告给学生家长、学校领导等。终结性评价并不仅限于活动结束之后进行，在活动之中进行的对活动效果的评价同样具有终结性评价的意义。

（二）依据评价的参照标准划分

依据评价的参照标准划分，可将教育评价分为相对评价、绝对评价和个体内差异评价。

1. 相对评价

相对评价是指根据评价对象的实际状况设定标准的评价。例如，在教育活动中，以应达到的水平为基本标准，将评价对象按达到的程度排序。在选拔人才或评选先进集体、先进个人时，一般使用相对评价。相对评价可显示个体在群体中的相对位置，但不能表明评价对象的实际能力水平。由于群体之间整体状况存在差异，所以在某一群体内的个体评价结果不适用于另一群体。另外，相对评价的结果往往不能为评价对象如何改进活动状况提供实际的意见。

2. 绝对评价

绝对评价是指依据某种需要或要求设定标准的评价。例如，在教学活动中，教师以是否达到教学大纲的要求为标准评价学生，只要学生的学习结果达到大纲的基本要求即为合格。再如各种资格证书的获得，均以达到特定的资格要求为依据，只要被评者达到某种标准，便认定其具有某种资格。绝对评价可以表明评价对象会做什么和实际达到的水平。由于标准固定，评价对象可以通过绝对评价了解自己的活动结果与标准的差距。

3. 个体内差异评价

个体内差异评价是指以评价对象以往发展水平或某一状况作为标准的评价。进行个体内差异评价，可以比较个体状况前后的变化，也可以对个体的不同侧面进行比较。例如，把学生某个阶段的学习水平与其前一阶段学习水平比较，以前一阶段学习水平为标准，判断学生的学习状况，或将其各学科的学习水平进行比较，了解学生的特长与不足。对学校的评价亦如此。个体内差异评价的标准是多元的，而不是划一的。个体内差异评价可以使评价者了解每个评价对象的进步情况、长处与不足，也可使评价对象全面了解自己，确定努力的方向。

（三）依据评价对象的层次、范围划分

依据评价对象的层次、范围划分，可将教育评价分为宏观评价和微观评价。

1. 宏观评价

宏观评价是指对影响到社会范围的指导、规范社会教育活动的各种因素的评价。这些因素主要包括教育目的、教育结构、教育制度、教育内容、教育方法、教育的社会效益等。

它们对教育活动过程的影响是总体性的，对教育活动的影响范围是全局性的，对教育发展的影响是战略性的，所以对其评价是宏观的。

2. 微观评价

微观评价是指对某项具体的教育活动、对实施和管理教育活动的组织与个人、对教育活动指向的具体对象等进行的评价。如对一项改进教育活动的具体方案、措施的评价，对某级教育行政机构、学校的评价，对学生、教师的评价等。总之，微观评价的对象是具体的教育活动及教育活动参与者。

（四）依据评价主体划分

依据评价主体划分，可将教育评价分为他人评价和自我评价。

1. 他人评价

他人评价是指由教育活动实施者以外的他人作为主体的评价。他人是相对活动实施者而言的，既可以是个人，也可以是小组或机构。如专家评价、社会评价、同行评价等均是他人评价。对教师来说，学生对其教学情况的评价是他人评价；对学生来说，教师对其学习情况的评价是他人评价。他人评价可以为活动实施者了解自己的状况提供更广阔的视角，可以为改进活动状况提供更多的思路。他人评价的实际效果取决于评价对象的参与程度以及评价本身的科学性、公正性等。

2. 自我评价

自我评价是指由教育活动实施者作为主体的评价。自我，既可以是组织也可以是个体。就组织或群体而言，自我评价是指组织或群体对其行为的指导思想、行为过程、现实状态和结果等进行评价；就个体而言，自我评价是指个人对自己的知识、能力、道德品质、行为等进行评价。自我评价是对自我行为过程和结果的反思，可以形成自我反馈环节，其信息具有直接性、丰富性和生动性。自我评价不仅有利于发挥自我这一主体的自主性、积极性，也有利于发挥自我作为评价客体的自主性、积极性，有利于克服他人评价中可能产生的逆反心理。自我评价是个体自我教育、自我完善、自我发展的最有效的途径之一。

（五）依据评价方法划分

依据评价方法划分，可将教育评价分为定性评价和定量评价。

1. 定性评价

定性评价是指采用开放的形式获取评价信息，运用定性描述的方法做出结论的评价。定性评价常采用观察、访谈、调查、查阅文字资料等方法获取评价对象各方面的信息，对评价对象的状况做出描述、分析与评价结论。如对学生学习状况的评价，可以采用观察学生的行为表现，访问学生对学习的态度、想法及形成学习动力或阻碍学习的各种因素，了解学生的学习环境和教师、家长对学生的影响等，最终对学生的学习状况及影响因素做出分析与评价。定性评价有利于评价者了解评价对象的整体状况，并制订有效的活动方案。但由于定性评价往往是对不同评价对象进行具体分析得出定性结论，所以不利于评价对象间的精确比较。

2. 定量评价

定量评价是指采用结构式的方法，预先设定操作化的评价内容，收集并量化评价对象的信息，运用数学方法做出结论的评价。例如对一个班的学生进行学习状况的评价，首先确定以学生的学科学习为评价内容，之后收集学生的考试分数，以统计的方法检验其成绩的优劣。目前教育评价中使用的数学方法主要有两类，即教育统计学方法与模糊数学方法。定量评价结果有利于评价对象间的精确比较，但由于数量值过于概括，所以很难对评价对象存在的问题及影响因素做出有效分析，也不利于评价对象有针对性地改进工作。

对教育评价进行分类，是为了更好地认识各种教育评价类型的特点及其作用，在实际的教育评价工作中更有效地运用各种类型的评价。在实际评价中，各种类型的评价常常交叉使用。

第四节　教育评价的过程与原则

一、教育评价的过程

（一）教育评价过程的含义

过程，一般是指事情进行或事物发展所经过的程序。作为过程，从时间上来说具有连续性和顺序性；从状态上来说，它不是静态的而是动态的。任何事情都有一个过程，同样，做任何事情也都有一个过程，只不过有的过程复杂，有的过程简单，有的过程直观，有的过程隐蔽。如社会发展、个人成长、思维、观察、试验、评价都有其过程，各种过程都有自己的规律。

教育评价过程是教育评价活动所经过的程序，同样具有时间的连续性、顺序性以及动态性，教育评价的过程也是管理过程，是和管理过程相伴始终的。教育评价的过程从内容安排上看，主要包括为什么评、评什么、谁来评、怎么评和评价结果的处理等。"为什么评"是指确定评价的目的；"评什么"是指确定评价的目标和内容；"谁来评"是指建立评价组织；"怎么评"是指确定评价信息收集和处理的方法；"评价结果的处理"是指对评价结果的检验、解释和利用等。教育评价过程的基本原理、总体框架，适用于教育活动各领域的评价。无论是宏观的评价还是微观的评价、单项的评价还是综合的评价、方案的评价还是团体或个人的评价，这个过程的原理都具有普遍的意义。教育评价的过程涉及的因素较多，只有设计安排好教育评价的程序，才能使每一次具体的教育评价过程有计划地、高效地、有条不紊地推进。

（二）教育评价过程的不同观点

由于人们对教育评价过程的认识不同，所以对教育评价过程阶段的划分也有不同观点，大体可以分为四阶段说和三阶段说两种。

1. 教育评价过程的四阶段说

教育评价过程的四阶段说认为教育评价过程应划分为四个阶段，但不同学者的观点也各不相同。例如：美国学者斯塔弗尔比姆提出，教育评价过程是背景评价、输入评价、过程评价和结果评价四个阶段循环往复的过程。背景评价的主要任务是考察已确定的评价目的是否与主体的需要相一致，其评价结果为目的的优先顺序调整提供依据；输入评价是对方案或计划达到预期目标所需的条件的评价，也就是方案或计划的可行性评价；过程评价的任务是对方案或计划实施过程进行不断检查，不断为相关者提供反馈信息；结果评价的任务是测量、解释和判断教育活动成就，验证需要被满足的程度。

我国台湾学者李聪明认为，教育评价过程分为四个阶段：第一阶段，选定评价时机和场所，以便进行评价；第二阶段，分析评价目标，即给评价目标下定义并进行具体分解；第三阶段，选择、制作评价工具，并使用这些工具搜集信息；第四阶段，对评价信息进行处理、解释和利用。

2. 教育评价过程的三阶段说

教育评价过程的三阶段说认为教育评价的过程应划分为三个阶段，但具体观点又有不同。例如：美国学者盖伊根据教育活动的过程，把教育评价分为教育活动之前、教育活动之中和教育活动之后三个阶段。教育活动之前的主要任务是确定教育活动及教育活动的目标；教育活动之中的主要任务是评价实际活动与计划相符合的程度，为改进教育活动采取措施；教育活动之后的任务是全面评价教育活动的效果并提出改进的对策。加拿大学者梅森认为，教育评价分为三个阶段，第一阶段是明确教育目标并把教育目标具体化；第二阶段是设计可以准确测量这些目标的程序，包括常设情景、设计评价工具和搜集信息；第三阶段是根据获得的信息进行判断。

我国学者一般把教育评价过程分为准备、实施和结果处理三个阶段。准备阶段的主要任务包括明确评价的目的、进行评价背景分析、拟定评价方案和组建评价组织等；实施阶段的主要任务包括宣传动员、采用各种手段搜集信息资料、整理信息资料、对评价信息的统计分析等；结果处理阶段的主要任务包括分析评价对象存在的主要问题、解决问题的建议、评价结果的反馈以及对评价自身的再评价等。

二、教育评价的原则

教育评价原则是在对教育评价规律的认识和总结教育评价的作用及特点的基础上提出的，反映了人们对开展教育评价活动的基本要求。人们对教育评价活动规律的认识程度制约着教育评价原则的内容。教育评价运作过程涉及各个层面，评价原则应对评价活动涉及的各个层面做总体规定。教育评价的基本原则如下：

（一）方向性原则

教育评价的方向性原则，是指评价必须坚持引导教育工作更好地贯彻国家的教育方针、满足社会和个体发展需要的正确方向，保证教育活动沿着良性、健康的方向发展。

贯彻教育评价的方向性原则，最重要的是要求教育评价在确定评价目的和标准时，必须以国家的教育目标为基本的、总的依据。具体地说，要求教育评价科学地设计指标体系的内容和标准，恰当地确定权重，合理地呈现和使用评价结果等，引导、推动教育活动朝着符合国家教育方针、政策所要求的方向发展。促进教育工作落实国家的教育方针、实现教育目标是教育评价的出发点和归宿。

（二）科学性原则

教育评价的科学性原则，是指评价必须把握教育和教育评价的客观规律，实事求是，以客观事实为根据，获取信息并依据科学的标准分析和处理信息，对教育活动的过程和成果进行分析判断，不能凭主观想象、主观臆断。不科学的评价不仅不能实现评价目的，还会挫伤评价对象的积极性，干扰教育活动的顺利进行。

贯彻教育评价的科学性原则，要求评价指标必须符合评价的目的要求，反映评价对象的本质特征，注意指标间的联系与交叉，避免指标重叠；评价标准要合理，既符合国家的规定，又符合实际；评价者要正确理解和把握评价标准，克服主观随意性和感情因素的影响；评价方法的选择要与评价对象的性质相适应，尽量采取现代的、科学的方法技术，将定性分析和定量分析相结合。只有这样，才能使评价信息的搜集更为全面准确，评价信息的分析与处理更科学，评价结论更可靠。

（三）激励性原则

教育评价的激励性原则，是指评价应促使评价对象形成继续努力或在进一步活动中克服不足之处，增强活动效果的动机或期望。这是由教育评价要激励评价对象前进、促进其发展的目的所决定的。

贯彻教育评价的激励性原则，首先要使教育评价过程及其结果客观、公正、准确，否则，评价对象就会产生不安和排斥心理。其次，制定评价目标和具体标准要从评价对象的实际出发，充分考虑评价对象的客观环境和条件，不要过高或过低，要使评价对象经努力有可能达到目标。最后，评价的实施者要注意评价对象个体的心理状态，评价时应考虑评价对象对评价的可接受程度，要求评价者了解并尊重评价对象的意见，并向评价对象及时反馈评价结果，以激发评价对象在进一步的活动中保持优势、克服不足。

（四）可行性原则

教育评价的可行性原则，是指教育评价要在保证科学、客观和方向正确的前提下，尽量使评价简便易行。评价过于繁杂，会造成更多的人力、物力的浪费和评价对象的负担，会降低评价的实际功效。

贯彻教育评价的可行性原则，一是要求在正确、科学的前提下抓住评价对象的本质特征，尽量简化评价指标体系；二是要求评价标准高低适度，同时注意评价对象的层次性、差异性；三是在评价的组织实施中，搜集信息的方法要在科学的前提下简化，让评价者能理解、使用。评价中应将科学性和可行性结合起来。

（五）实效性原则

教育评价的实效性原则，是指评价要有实际作用，即有指导实际、改进工作的效用。教育评价活动和一般的科学理论研究不同，其实践性极强。评价活动如果不能正确地、恰当地肯定评价对象的行为价值，并找出工作或学习中的问题，对其改进提供有价值的帮助，那么这种评价就是走形式，不会被被评者接受。

贯彻教育评价的实效性原则，一是要求评价目的必须明确，针对实际问题，充分利用评价的导向作用，促进实际问题的解决。例如针对中学片面追求升学率、教师教学中只注重知识灌输、学生单纯追求分数等问题，如果新课程改革要求下的教师教学评价和学生评价不能有效地促进这些问题的解决，那么评价就失去了实际效用；二是要求评价过程中主客体相互沟通，及时反馈评价信息，并帮助评价对象解决问题，这样有利于促使评价对象主动参与评价、自觉改进工作。保证评价的实效性是实现评价目的的根本要求。

第五节　教育评价的发展趋势

随着计算机技术的发展，"互联网＋教育"为教育评价提供了很多新的思路和思考。教育评价正在逐步摆脱旧有的弊端，为真正提高学校教育质量、增强教师教学效果、实现学生的全面发展和个性化发展服务。整体而言，教育评价正在朝着科学可靠、客观公正、全面透彻、增值有效的方向发展。

一、评价功能由窄化向多元化发展

通常来讲，教育评价主要有甄别与选拔、激励与导向、检查与监督、诊断与改进等功能。美国著名教育评价专家斯塔弗尔比姆提出了一个著名论断："评价最重要的意图不是证明而是改进。"进行教育评价是为了提高学校的教育教学质量，帮助学校发现学生的特性、个性和问题，实现每个学生的全面发展，提升学生的核心素养。然而，由于教育形势严峻、优质教育资源匮乏、功利主义盛行、应试思维主导等原因，评价功能一直以来都趋向于甄别和选拔，其他功能很少被提及、体现。

但是，随着"互联网＋"时代的到来，云教育平台、大数据、语音识别、人工智能的发展，教育测评技术水平的提高，教育中除了结果性的内容可以被评价出来，教育过程性的内容也可以很容易地被评价。这些数据不仅可以被测出，还可以很容易地被学校、教师、学生获取。学校、教师和学生不仅可以知道结果性的数据，还可以获得过程性的数据。学校通过这些评价数据资料，可以分析出在治理学校方面存在的问题，及时调整学校的育人模式和管理模式，把握方向，精准治理；教师通过这些过程性的评价信息反馈，可以分析和发现自己在教学方面的问题、学生在学习中的薄弱点，及时调整教学策略，因材施教；学生通过这些过程性的评价数据反馈，可以及时找准自己的定位，认识到自己的优势和不足，明确要改正的方面和努力的方向。这样，教育评价功能就不仅仅是甄别和选拔了。

由于学校、教师、学生在"互联网＋"的环境下，很容易拿到过程性、结果性的数据，并会有意或无意地使用这些数据，所以教育评价的功能正在无形之中朝着多元化的方向发展，甄别和选拔将不再是最突出的功能，教育评价的激励导向、诊断改进等功能将逐渐发挥作用。

二、评价类型由注重终结性评价向多种评价类型相结合发展

评价类型有很多种，根据评价功能划分，可以分为诊断性评价、形成性评价和终结性评价。诊断性评价主要是指对评价对象所呈现的问题进行诊断，并给出一定的解决方案和对策。形成性评价也叫"过程性评价"，是对正在进行的教育活动的评价，有利于问题的及时发现、及时反馈、及时调控改进。终结性评价是指在教育活动结束后对评价对象进行的评价，主要用于甄别、选拔、筛选和淘汰。

由于教育评价的功能以甄别和选拔为主，因此对应的评价类型也以终结性评价为主，评价类型比较单一、静态，所呈现的评价结果也比较片面。比如仅仅靠期末的分数和成绩是无法显示学生各方面能力的，对于教师而言，也无法进行"对症下药"，难以开展精准教学。在"互联网＋"时代，教育技术的发展为过程性评价和诊断性评价提供了很大的实现空间，评价者不仅可以得到评价对象静态的、终结性的评价结果，还可以捕捉到评价对

象动态的、全面的发展过程。

就学生而言，除了期末考试、高考这样的数据可以用来被甄别选拔，平时的学习情况也可以被追踪，例如学生的学习习惯、学习喜好、已掌握的和未掌握的知识和技能，自适应学习系统会根据学生的学习情况、学习时长等推送相关学习内容，及时帮助学生发现问题、查找原因、查缺补漏，学生可以根据系统的实时反馈做出调整。系统不仅会给出关于知识技能掌握方面的评价，也会给出情感、态度等方面的评价，当然这也需要比较科学完整的评价指标体系作为支撑。这些评价不是静态的和单一的，而是伴随着学生一个又一个的学习阶段的，是过程性、动态性的评价，是可以帮助诊断学生的评价。

三、评价数据的采集分析由低效片面向高效全面发展

一直以来，教育评价采集的数据都主要以学业质量监测数据为主，数据主要体现结果性，并且来源比较单一，收集也很困难。但是随着互联网的发展，大数据、云存储、语音识别、人工智能等技术与教育相关联，赋能教育，教育评价数据采集与分析主要体现在广度和深度两个方面的变革。

就广度而言，现在的第三方教育评价机构不仅可以测得单所学校的数据，还可以很容易获得区域内的各所学校的数据，以及区域内各学校间数据的对比情况，系统可自动生成区域质量测评分析报告，高效且全面，有利于区域质量的整体把控与提高。

就深度而言，自适应系统、语音识别等技术的尝试不仅可以获得学生和教师结果性、产出性的数据，学生学习态度、学习习惯、学习喜好、学习风格，教师教学方式、教学风格等过程性、投入性的数据也会被采集和提取到。便于分析学生和教师所处的状态，及为什么会出现这样的结果。

结果与过程相结合，学业成绩数据和思想品德、身体健康、心理健康数据相结合，知识与技能、过程与方法、情感态度与价值观的数据相结合，形成教师画像和学生画像，为学生的下一步学习及教师的下一步教学提供了客观科学的依据。

总体来讲，教育评价数据的采集和分析正在向着高效全面发展，为区域、学校、教师和学生提供比较完整的教学数据和数据分析。

四、评价目的由"证明"向"改进"发展

评价的目的在于提高教育质量，在于帮助学生的全面发展和个性化发展。但是由于各方面的原因，评价一直以来都被看作是"证明"，用来给学生排名、评比，用来区别"好学生"和"差学生"，用来体现教师教学成绩。这明显与教育的目的相违背。

霍华德·加德纳的"多元智能理论"表示，每个人的身上至少有七项智能，即数理逻辑智能、语言智能、身体运动智能、人际交往智能、自我认识智能、空间智能、音乐智能。

但是我们常常会只根据数理逻辑智能和语言智能来评价学生的"好"与"差"，忽视了学生其他智能的发展，这种片面的评价对于学生的发展是极其不利的。可以说学生之间的差异来自这些智能类型的发展情况和组合情况，而"互联网+"时代为这些类型的智能提供了更多发展的可能。首先，学生当前状态所擅长的智能类型可以被评测出来；其次，学生的薄弱智能类型也会被显示出来。这有助于尽早发现学生的智能特点，及时、有针对性地对学生进行培养，抓住学生智能培养的关键期。

这样，评价的就不再是传统的数理逻辑智能和语言智能。评价为"改进"提供了方向，每个学生的几大智能类型都能得到很好的发掘，这样才能真正落实学生的全面发展和个性化发展。

互联网时代的到来对于教育评价领域来说既是机遇也是挑战。机遇在于，教育评价的作用将由原来的甄别、选拔向推动教育质量提升转变，为实现学生的全面发展和个性化发展服务，为提高教师的专业素养服务。挑战在于，首先，由于数据的增加，需要教师有一定的数据素养，可以对数据进行一定的分析，拿到数据评价报告时，会分析，会使用，能够让数据发挥其最大化作用；其次，技术的发展确实可以促进教育评价的发展，但是，有一套完整的评价指标体系更加重要，因此还需要教育研究者继续努力，将教育评价与技术相融合，研究出科学的教育评价模型和评价指标体系；最后，新时代的教育评价对区域、学校、教师、学生之间的配合提出了更高的要求，需要各成员和各角色之间积极回应，打好配合，提高整体的效率和效果，为提升教育质量共同发力。

第六章 互联网时代的高校教育评价变革

教育评价变革是教育系统变革的核心要素之一。互联网教育背景下的评价体系是以促进学生的全面、个性发展为核心的综合评价体系。在内容上，以注重学生全面、个性发展，培养创新创造能力为重点，构建以自我评价、互相评价和教师评价为一体的多元评价体系；在方法上，主要应用以全面评价、过程评价和结果评价为一体的综合评价手段；同时，建立以大数据分析为依托的个性化智能评价体系，真正实现互联网教育的价值与目标。

第一节 信息时代给教育评价带来的机遇与挑战

信息技术的发展，特别是大数据的生成、积累、分析和运用，为高校教育评价的变革带来了机遇与挑战。一方面，信息时代的发展丰富了教育评价的内涵与功能，满足了教育评价的过程性，有助于更好地反馈教育评价结果，促进了教育评价的个性化，有助于满足多元评价主体的需要，彰显出不同于小数据时代的独特评价优势；另一方面，信息时代下的高校教育评价也需要面临出现不良数据、评价对象的隐私被泄露、评价主体出现抵触情绪等相关挑战。

一、信息时代带来的教育评价机遇

信息时代的发展除了带来了计算机等教学与管理上硬件的变革之外，还对教育评价产生了更深层次的影响，主要体现在大数据的收集、分析和使用上。从教育评价的角度分析，大数据并不是一个单纯描述数据量巨大的概念，它意味着数据来源的多样化、数据类型的多元化以及数据处理与分析的大容量与高速度。更为重要的是，大数据立足于对大量数据的深度挖掘与科学分析，寻求数据背后的隐含关系与价值，使人们可以从基于小样本数据的推测或基于感性的偏好选择转向基于数据分析与实际证据的理性决策。可见，大数据在本质上已经转化为一种新的思维方式、一种新的解决问题的方法。信息时代的发展，大数据的呈现和运用，给教育评价的变革带来了至少五个方面的机遇。

（一）信息时代的发展丰富了教育评价的内涵与功能

教育评价的核心虽然是对学生学习成绩与成长状态的评价，但又不限于此，而是涉及对教师教学质量、教育环境与资源现状、教育投入与产出等方方面面的评价。传统的教育评价往往容易因为难以收集评价依据，或只收集到片段化的评价信息而忽略了一些应该评价的方面，容易在评价过程中因为缺乏可靠的依据而过于依赖经验判断或主观评价。大数据意味着对教育数据进行全方位与全程性采集，不但注意对结构化数据的收集，也重视对非结构化数据的收集。基于大数据的教育评价突破了传统教育评价体系中对学生考试成绩的依赖，将碎片化评价整合为系统化评价，保障了评价的全面性与可持续性，支持多主体、多元化评价，丰富了教育评价的功能。例如，针对学生的学习评价，传统教育评价情境下的评价主体常常只有教师，教师偏重考核对知识的掌握程度，评价方式也趋于单一化，往往只依赖于学科的知识类考试。他们主要关注对学习结果的评价而常常忽略了对学习过程的分析，并且缺乏对分析与评价结果的充分利用。而21世纪的人才需要合作能力，解决问题的能力与批判性思维，但是这些本来应该重点考核的内容在一些诸如升学考试、资格考试的决定性考试中却较少涉及，并且很多决定性考试都是一年一次。同样，对于高校教育而言，学生在课外活动中的评价也不能仅仅依靠评价者的主观判断，而需要以大量的事实性数据为支撑。基于大数据的教育评价充分利用技术手段，采集、整合学生的学习过程数据与学习结果数据，融合专家评价、教师评价、学生自评、同学互评等多种评价数据，从而可以对学生进行多维、全面、深入、可靠的评价。

（二）信息时代的发展能够满足教育评价的过程性

信息时代带来的教育评价改革，不仅是一种观念的改革，同时也是一种方式的改革。在大数据时代，让数据自己"发声"是首要的要求。建立在相关关系分析法基础上的预测是大数据的核心——不是随机样本，而是全体数据；不是精确性，而是混杂性；不是因果关系，而是相关关系。这样的大数据思维应用到教育上，就是要树立这样一种观念——教育数据越多越好，自觉拥抱数据文化。只要公开的教育数据处理得当，就能为亟须解决的复杂教育问题提供答案，就能解决很多凭空猜测、互相指责的人际矛盾，就能纠正众多仅凭经验"拍脑袋"做出教育决策。由于数据更多地来源于社会与生活，所以我们要更多地关注学生在学习和生活当中的数据，注重教育教学当中的各种实践，及时而又准确地预判社会对教育的各种需求（利用大数据我们可以充分地做出应有的预判）。因此，教育者应充分挖掘、利用学校和教育机构的数据库，建立对数据收集和分析的紧迫感，大气地展现和拥抱大数据，有意识地将数据素养能力应用于教育教学中。用数据说话、用数据决策、用数据管理、用数据创新的数据文化必将在新一轮教育变革浪潮中大显身手。以上的论述都说明，在信息时代的教育评价中，新技术的广泛运用有助于将学生在教育和生活中的点滴表现及时地收集和整理起来，并且这种收集和整理因为信息技术的介入将不会占据教师过多的时间和精力。在这样的状况下，教师对于学生的认识和评价都将是连续性的，评价主体可以在评价对象参与学习和活动的过程中及时对他们进行评价并提出具体的建议，让教育评价促进发展的功能体现在日常的活动之中。特别是对高校教育而言，活动的零散性、灵活性和开放性使平时数据信息的收集更加复杂和有必要，也让信息时代中的大数据有了更多用武之地。

（三）信息时代的发展有助于更好地反馈教育评价结果

对于高校教育而言，开展评价活动的最终目标并非给学生一个简单的结果，而是要通过结果的合理反馈和运用达到改善教学的目的，更好地促进学生的成长与发展。维克托·迈尔-舍恩伯格认为，利用传统教育方式所获得的反馈其实存在很大缺陷。比如我们难以对学习过程进行反馈，在对学习结果进行反馈时，我们也只把关注点放在学生身上。我们对学生的考卷和各种表现进行打分，并要求他们对这一结果负责，然而作为教育者的我们却很少评价自己，也很少对我们所采用的教科书、教学方式和内容、测验手段的合适与否进行评价。导致这种情况的原因之一是数据很难收集，并且收集到的数据很难获得有效处理。因此，传统教育评价是一种单向的反馈。但在大数据时代，我们可以实现对学习效果的双回路反馈，我们能够收集过去无法获得的数据，通过分析这些数据，我们可以改善学习的效果和学业表现，并将数据分享给教师和决策者以改善教学。在小数据时代，学生学习的目的往往是通过考试，而在大数据时代，我们可以理解这些错误，并最终改进这些错误。从国内外高校教育的实际情况看，如果我们能够及时合理地对学生的学习及参与活动的过程与结果进行反馈，那么高校教育教学与管理的改进，学生成长的促进，就将是即时性和可持续性的，也就是有事实依据的。

（四）信息时代的发展使得教育评价的个性化有了可能

当前，多数的研究与实践都指出，信息时代大数据的生产能够从根本上实现学习的个性化，因材施教的教育理想有了实现的可能，大数据也满足了人们个性化的学习需求。课堂与教学出现新形式，如翻转课堂的引入、数字校园的流行、数据实证教育的出现、云课堂的实现……课堂将不再是单一、被动的滞后教学，学校将不再是无序、低效的传统官方式机构，教育将不再是凭理念和经验来维系、传承的社会活动。在信息随处可见、知识随处可搜的大数据时代，在课堂上教师不仅需要传授固有知识，还需要培养学生的思维能力、知识辨析与利用能力、信息搜集与整合能力等核心能力。新时代背景下，大数据思维在教育界闪耀着光芒，全球教育界的"超级巨星"可汗学院便是一个例证。利用大数据，可汗学院实现了一人与一台电脑有一千万学生的教育"神话"，大数据在挑战传统教育体系的同时也开启着未来教育的曙光。从教育评价的角度看，如果个性化的教学在信息时代成为可能，那么个性化地收集学生的被评价信息，并个性化地呈现和运用评价的结果也就有了实现的平台。有了个性化教学的保障，有了信息时代大量书籍的支撑，高校教育中对于学生的评价就不会再呈现千篇一律、千人一面的状况。每一个学生都会从教育评价主体那里得到与自身实际情况相契合的评价结果，这是对学生自身成长的记录与肯定，也是信息时代带来的教育变革"红利"。

（五）信息时代的发展有助于满足多元评价主体的需要

基于大数据的教育评价实现了对教育数据的多维深度分析，可以满足不同教育参与者和教育评价主体的需要：教师通过数据了解学生的水平如何，并以此为依据调整自己的教学方案，满足学生个性化、个别化的学习需求；家长通过数据了解孩子的强项以及能够提升的领域，了解学校的整体教育质量与环境，从而能够更加主动地为孩子选择最适宜的教育环境；学校与学区的教育管理人员可以通过分析数据明确哪些教育项目对于提升学生的学习绩效有作用，哪些没有作用；教育管理部门可以综合分析关于学生学术成长与发展需求的数据以便做出科学的教育决策，制定适当的教育政策并合理分配教育资源。由此可见，借助大数据支持，教育评价不再是为了支持教育管理部门与教育机构的决策性需求，而是可以服务于一切关注教育、参与教育的群体或个体，甚至一些课外学习支持机构也可以在遵守相关制度、保障学生权益的前提下，通过利用教育大数据分析学生的学习需求提高课外学习支援的针对性与有效性。

二、信息时代带来的高校教育评价挑战

信息时代的高校教育评价变革是大势所趋，但也伴随着风险。在教育评价的过程中，将大数据融入教育这一复杂的育人系统尤需谨慎，关键在于如何管控和规避变革的风险。在高校教育评价乃至整个高校教育系统中，从信息技术手段的运用以及人数据的处理上看，信息时代给高校教育评价至少会带来三个方面的挑战。

（一）化解不良数据的挑战

大数据并不等同于海量数据，海量只是人数据的特征之一，大数据更强调数据的及时性和多样性。其实，学校里发生的事件、学生的活动情况、教师的一言一行都可以被搜集并及时转化为数据，都是大数据变革中所需要研究和处理的对象。尽可能快地去挖掘、分析多样化的数据并用于决策，才能生成大数据的价值。

利用大数据时应避免不良数据风险。不良数据风险主要包括数据割裂、数据独断和数据迷信等。所谓数据割裂，即由于思维观念、资金技术、制度等造成的数据分散，数据得不到有效挖掘和利用的现象。在教育领域，受传统思维的影响，部分学生刻意隐瞒自身情况，部分学校谎报或者拒绝公布相关数据，部分教育部门办事拖沓，信息数据搜集、整理及公开滞后，这些都会造成数据割裂。数据独断又称"数据垄断"，体现在教育上就是各教育部门和学校拥有大量的高价值数据却不予以共享。这些数据由于包含敏感或隐私信息，

在现有的数据制度和立法情况下，往往限制他人对数据的利用甚至访问。数据迷信就是人们过分依赖数据，人们可能会为了收集数据而收集数据，并且完全受限于自己的分析结果，从而失去了教育的本意。

流水不腐，户枢不蠹，让数据在流动中增值，是化解数据风险的良策。各具差异的数据在可控、授信、全程监督的情况下开放，鼓励对大数据价值进行探索，更有助于实现大数据的价值。想化解数据割裂和数据独断风险，要利用好大数据这一宝库，除了引导树立开放性的大数据思维外，还需要完善现有的各层次的教育规章制度和保障体系，尤其需要教育主管部门扮演好自身角色，当好学校之间数据资源的分配者、协调官和整合专家。我们无法获得完美的数据信息，因为大数据给我们提供的不是最终答案，而只是参考答案。大数据只是一种工具，人的培养才是最终的裁判，尤其当教育面对正在成长的可塑性极强的学生时，即使数据再"大"，也不是教育，更不是高素质人才教育。因此，在利用大数据管理和培养学生时，应始终铭记人性之本，常怀一颗谦恭、仁慈之心。

（二）避免泄露学生隐私的挑战

大数据是一把双刃剑，它在让教育和管理更加高效、科学、透明和创新的同时，也可能带来泄露学生信息、侵犯学生隐私等问题。在大数据时代，学生全时段的校内外活动轨迹及其家庭背景、社会交往等个人信息，在教师和教育管理者面前被"一览无遗"，而学生一直处在教育管理链的末端。因此，保护好学生的隐私就显得尤为重要。教师和教育管理者在获取、生成、使用和传播数据时必须遵守数据道德，规范数据信息使用的条件和方式。在数据隐私上，为了保护一个现代人（尤其是未成年学生）应有的隐私，维护其作为一个个体应有的尊严，教师应该了解哪些数据信息是应该保密的，哪些数据信息是应该禁止披露的。在数据使用和传播方面，教师应保护为了教育所获取的学生信息，学生也有权力监督自身信息数据的去向。教育研究者和管理者应厘清独享与共享的界限，在确保数据安全和不侵犯学生权益的情况下最充分、有效地利用数据资源。总之，教师及教育管理者在接触各种数据信息时，应有针对性地选择各类实时数据，在不违反数据道德的前提下，将数据加工并作用于学生，传播于社会。唯有如此，才能培养出道德素养和数据素养都较高的高质量人才。

（三）转变评价主体抵触情绪的挑战

从评价以及评价管理的角度看，部分高校教育的评价主体会对大数据的应用产生较大的心理抵触。

首先，是对于教育评价者的权威地位被动摇的抵触。教师是课堂管理者，是教育评价的主体。而现代信息技术和网络传媒的飞速发展，使知识、信息井喷式爆发，数据获取渠道大大拓宽，教师不再是学生唯一的信息源，学生甚至可以比教师更快、更多地获得最新的数据和信息，在纷繁复杂的数据面前更具创造性。许多数据的生成需要学生的参与，教师不再独享知识，单纯的知识和经验的传授不再像以往那般至关重要，基于大数据的预测性分析进一步弱化了教师在师生关系中的主导地位。对高校教育管理者而言，大数据分析在教学规划、教师评价、人才选拔等教育管理中的应用比例大幅增加，传统意义上的学校领导者和教育管理者的权威将进一步动摇。这种权威的动摇必将引发部分教师对大数据这种新媒介、新方法的抵触。

其次，是基于数据泛滥的恐慌。数据泛滥即大量重复、失真、陈旧的数据经由各种传媒和技术传播而在社会中泛滥成灾。在复杂的大数据背景下，当教育评价者面对多层次、多方位、多领域的参差不齐的大数据的冲击时，唯恐自己被淹没在数据的海洋里，无法对众多数据进行有效辨析和利用。加之全面、相关的实时数据的生成和搜集要求，常常使得评价者无所适从，盲目地跟着冰冷的数据走。这些都难免会引起管理者对数据的恐慌，引发他们的心理失调。

最后，是对于提高数据素养的压力。辨别和查找出恰当的数据资源，知道如何分析、应用可靠的教育统计数据，通过理解数据的潜能和局限来提高对数据的洞察与应用能力，这些都是作为一名教育评价者在大数据时代应具备的数据素养。但有调查发现，部分教育从业者（特别是一些年长者）的数据处理技能比较差，他们不会搜集、利用信息和数据，甚至连最基本的数据工具都不会应用，碰到稍微复杂点的问题就束手无策，不得不花大量时间和精力来提升自身素养，适应数据时代的变化。大数据时代的不确定性给管理者带来了巨大的挑战，给教师的教育教学增添了新的一时难以适应的压力。

总而言之，大量、多样且实时的要求决定了大数据的不确定性。在不确定的情况下，学习焦虑、困难以及对未知的恐惧在所有的变革过程中都是必然存在的，特别是在变革初期。风险是所有变革都必须面对的。如果缺乏承受风险的能力，不愿意冒不确定的风险，就不可能产生有意义的变革，高校教育的评价改革也不例外。要想突破现实中的困境，打破大数据给教育教学带来的恐慌和压力，就必须与时俱进，勇于在实践中扎扎实实地推进教育改革。大数据强势来袭，高校教育管理者应做急先锋。管理者必须学会摆正"领路人"和"牧羊人"的心态，放低姿态，与学生同学习、共进步，在新形势、新挑战下熟悉数据，驾驭课堂。高校教育管理者必须调整好自己的心态，转变抵触心理，不断提升抗压和学习能力，提高自身的数据素养。只有这样，才能在互联网时代的教育变革中掌握主动权，乘风破浪，引领教育直达质优高效的彼岸！

第二节　教育评价由一元化向多元化发展

教育评价是推动教学改革的动力，既是对学生学习能力和学习成果的评价，也是对教师教学能力和教学效果的评价。教育评价的目标不仅仅是证明，更是改进，科学且有意义的评价能够在一定程度上提高教师自我反省的意识与能力，提高教师教学的积极性、学生学习的主动性，直接影响着教学效果。

一、注重学生全面个性发展：克服"一元式"评价的缺点

在应试教育的指挥棒下，对学生的评价多以考试分数这一一元式评价来进行，而这并不能真实反映学生的能力素质，也不能从多角度反映学生的个性品质。这种单一的评价方式扼杀了师生的创造性，忽略了学生之间存在的差异，阻碍了学生的创造性培养，抑制了学生的全面发展，严重束缚了师生的成长空间。

在互联网教育背景下，对学生学习能力的要求和学习结构的变化导致传统的学习能力评价方式无法对当前学生的学习能力做出准确合理的评价。越来越多的研究者意识到了科学的评价对促进学生学习能力发展的重要性，并对信息时代学生学习能力的评价体系进行了积极的探索，如对发展性评价、真实性评价、表现型评价、档案袋评价等进行研究。传统教学环境下的教育评价体系过于局限，比较重视学习者的学习结果，即学生期末成绩的总结性评价，而忽视了对学习者学习过程的形成性评价，更忽略了对学生个性发展的综合性评价。

二、注重创新评价：彰显和引领时代创新精神

评价要着眼于多元智能的发展评价，要更加注重对学生智慧能力的评价，特别是创新创造能力的评价。教育评价的变革要围绕教育目标的变革进行，注重智慧评价和创新评价，发挥评价对成长的导向作用，要为学生的科学成长提出合理化建议，真正发挥教师"导"的作用。

注重创新创造评价。互联网时代的教育目标既要体现个人本位论，即实现人的全面自由发展，也要体现社会本位论，即实现社会的创新发展，以最终实现社会价值和个人价值的统一。教育不仅要培养适应社会的个体，也要培养推动、引领社会发展的个体；教育不只要提供知识，也要实现人的个性化发展、自由发展、健康发展。

创新精神是互联网的精髓。互联网从诞生之日起，就以创新为使命，改变了我们的生产、生活方式和思维方式。互联网教育以其分散化、扁平化、平等化、交互式等特点，改变着传统教育模式和教育方式，改变着传统的育人观、教学观，改变着目前"灌输式""以教师为中心""以单纯传授知识为主"的教学方法。这种全新的教学模式使学生的学习由被动变为主动，激发了学生的学习热情，推动了个性化学习，有利于培养创新型人才。

智慧评价关注整个教育过程。互联网教育背景下的评价体系追求过程和表现的持续发展，是过程化的教育评价。想实现智慧评价，就需要破除以考代评、为评而评、以评定性

的做法，建立诊断性评价、形成性评价、总结性评价相结合的教育评价体系。诊断性评价是在教学活动开始之前对学生的知识储备、能力水平等方面进行的评价，为即将开始的教学活动提供设计依据；形成性评价发生在教学过程中，通过评定在学习过程中的学习状况与学习进度获得改进教学的反馈信息；总结性评价发生在阶段性学习之后，比如单元学习之后、学期学习之后，是为了判断学生的学习效果而实施的评价。在互联网教育背景下，诊断性评价、形成性评价、总结性评价相结合的教育评价体系有助于维护每一个学生全面发展的权利。

学生成长档案袋是通过网络记录学生成长、学习过程，整合学生德、智、体等综合数据，为学校、家长及学生升学提供客观、公正、可量化、动态化的学生成长资料，形成学生综合素质评价的过程管理数据库，其方法是详细记录学生学习和评价的过程和成果，能在网上进行的活动就在网上进行，只能在线下进行的活动，也在网络上进行记录和评价。将连续多年的动态记录和每项活动过程和成果的评估折算为积分，量化考核，建立学生网上成长档案袋，使其成为学生综合素质评价最有含金量的结果。同时，成长档案袋也可以引导学生的个性化发展和特长发展，有利于创新精神与实践能力的培养，使价值判断真正建立在事实判断的基础上，减少主观评判，加大客观评价，体现公平、公正、公开的评价精神。

智慧评价关注对学习者素质的综合评价。教学质量评测可以运用互联网等信息技术，对学校、学科、班级，以及学生的学习成绩做出诊断分析和科学评价，包括设置常规教学质量分析功能，如总分、平均分、及格率、优秀率、良好率、最高分、最低分、满分率、低分率、零分率、超均率等；设置现代教育分析诊断功能，给出有效分、标准分、标准差、闪光点、薄弱点及成绩分布等。注重学生全面个性发展的综合评价内容，不仅要评价学生已学习的知识和技能，还要关注学生学习知识和技能后的思维习惯、思维模式、学习习惯及学习方法，更要关注学生的价值观、身心健康、情感、爱好特长、合作分享、心理素质等非学业的表现和发展。学生综合素质评价系统以学生学籍管理信息系统为基础，建立多维度、多权重、多角色参与的信息化评价体系，学校可直接在网上组织对学生的综合素质进行自评、他评、师评等，系统自动对流程进行记录与监控，自动分析统计评价结果，整个评价过程科学、客观、安全。

二、注重多元评价体系：构建全方位、多视角、宽领域的综合评价模式

互联网教育背景下的教育评价从"一元化的分数评价"走向"多元化的素质评价""综合性评价"。互联网教育背景下实施评价的多元方法或手段有很多，如教师观察、提问、测试、访谈、建立学生档案等。最常用的评价方式有自我评价、互相评价和教师评价三种。

第一，自我评价。自我评价是指学生根据评价的量化指标或评价标准对自身的行为和

学习进行的评价。它促进学生反思，培养学生正确认识自我、评价自我的能力，增强学生的自信心。学生自我评价需要教师进行相关设计，评价可以随机发生在教学过程中。自我评价的方式因教学目标、学习者的基本情况、教学内容等不同而不同，常见的操作性较强的自我评价方式有调查表、学生自我检测、课堂展示等。

第二，互相评价。互相评价是指以学习小组为单位，学习者之间根据互评标准对彼此学习行为、学习过程及学习效果等做出的评价。学习小组的建立提高了学生的合作能力和交际能力，同时这种评价模式能在无形中体现小组成员间的相互影响，达到培优辅差的目的。

第三，教师评价。教师评价是指在教学过程中教师对学生学习状况进行的评价。教师对学生进行评价的形式有很多，如作业评定、观察、访谈、课堂学习活动评定、课外学习活动评定等。通过鼓励学生积极主动地参与评价，开展自评、互评活动，采用**诊断性评价**、**形成性评价和总结性评价相结合**的评价方式，打破了传统的以知识考核为主要方式的教育评价，更加重视对学生学习过程、学习行为和解决问题能力的评价。

评价的多元化不仅体现在评价手段和评价内容方面，也体现在评价工具方面。信息技术的有效运用不仅创新和完善了原有的评价方法，也催生了许多新型评价方法，如学习契约、量规、学习文件夹等，使教育评价更易充分发挥对教学过程的诊断、调节、导向、监控、反馈和激励作用。

第三节　教育评价方法体系的全面变革

仅关注结果和根据外部标准对学生进行价值判断的传统教育评价已不能适应互联网时代的教育。在互联网教育背景下，当某学生在查询自己的期末成绩时，他看到的不仅仅是一个简单的分数，还附有一份"诊断报告单"。通过这份报告单，他不但可以了解自己学科板块知识点和能力点的掌握情况，还能看到对自己的优势、劣势学科的分析。通过这些数据可以为每个学生"画像"，从而找到适合他们的加强知识学习、提升能力素质的方法。互联网教育背景下的全面评价，通过对学生学习过程和成效的数据统计，诊断出学生知识水平、能力结构和学习需求的不同，这个过程灵活运用了诊断性评价、形成性评价和总结性评价相结合的教育评价方法。

一、诊断性评价

诊断性评价，又称为"教学前评价""准备性评价"或"前置评价"，是指在教学活动开始之前，教师对学习者的学习基础、学习风格、学习能力、学习特征、情感态度等情况进行预测，以判断学习者是否具备达成当前教学目标所要求条件的评价。

由诊断性评价的定义可以知道，诊断性评价实施的阶段是在教学活动之前，而这不仅指常规意义上在一个学年、一个学期、一门课程教学或研究开始之前，还包括在教学过程进行中其他的任何教学活动之前，如在提问、讨论、展示或交流等活动开始之前。对学生的评价应包含对其知识、技能、情感、态度与价值观等方面的评价，如知识储备数量和质量、基本技能水平、教育背景、身体状况、性格特点等。教师应根据学生的这些基本情况对症下药，进行教学活动。

诊断性评价通过一定的手段或方法搜集学生学习的准备情况，识别学生的个体差异，并对问题进行分析，做出诊断，为改进教学策略或采取补救措施提供依据。因此，诊断性评价是教师在教学活动之前对学生学习情况的测定，其结论是教师"及时采取补救措施或变化"的依据。

诊断性评价作为教育评价的一种形式，有着不可忽视的优势。教师通过诊断性评价辨别影响不同类型的学生继续学习的因素，以便教师适当帮助学生，在下一个教学活动开展之前及时调整教学策略，因材施教，有针对性地对学生的学习做出评价。在教学进程中实施诊断性评价可以确定造成学生学习困难的因素，从而最大限度地帮助学生克服困难，获得更大的进步。

在教学过程中，教师要想找到一套合适的教学方案或策略，就必须深入了解教学对象的诊断性评价，熟练掌握诊断性评价的基本步骤。诊断性评价的实施主要分为三个步骤，分别是搜集相关信息、评价相关信息和做出诊断。

首先，搜集相关信息。通过各种可行且科学的方法获取学生的相关信息，如通过课前测试或提问来了解学生对基础知识的掌握情况。其次，评价相关信息。教师对收集到的有价值的信息做出整理和评估，明确信息的指向，然后对存在异常的信息进行评估，评价异常信息的真实性和准确性。最后，做出诊断。进一步深挖这些信息产生的原因，并对其进行深度分析、推理、综合，最后做出诊断。

二、形成性评价

形成性评价是教育评价的一种方式，由美国的斯克瑞文在其《评价方法论》中首次提出。目前，有关形成性评价的定义数不胜数，有学者认为，形成性评价是指在教学过程中，为使教学活动效果更好而修正教学运行进程所进行的对学生进展的评价。因此，形成性评价又被称为"学习中评定"或"过程评价"，可以简单地将其理解为是由教师在课堂内部操作的持续性评价。形成性评价在教学活动实施过程中进行，教师可对学生进行多次和动态的评价，促进学生进步和发展。

教师通过形成性评价，能够及时调整教学活动策略，以确保教学活动的持续有效。同时，形成性评价关注学生的学习过程，注重及时反馈，并且能够较为直观地反映出学生在学习中存在的问题或困难，便于学生不断改进和完善学习策略，是促进学生进步与发展的重要手段。形成性评价的目的不是给学习者评定等级，而是确定学习者已经掌握的学习内容，并帮助他们掌握尚未掌握的要点。

形成性评价具有如下特点：

第一，有效反馈性。反馈是形成性评价的基本组成部分，对形成性评价的效果起着至关重要的作用。在教学活动过程中，教师通过形成性评价获得学生的有效反馈信息，并及时调整教学活动策略，不断完善教学设计；学生也能够及时发现自身的薄弱环节，从而不断改进、完善学习策略和学习活动。

第二，评价实施主体既包含教师，又包含学生。传统模式的教育评价主要是以终结性评价为主，其评价实施主体是教师，即教师通过考试、测评等对学生实施评价，这会导致"一考定终身"的遗憾现象。随着信息技术的不断发展，新的教育理念、教学模式层出不穷，与此同时，教育评价也随之改变。形成性评价较终结性评价更全方位、立体化，不仅注重对学生认知能力的评价，也重视对学生情感及行为的评价，且实施主体不再只是教师，还包含了学生，学生可以自我评价，也可以互相评价。这种评价模式在潜移默化中培养了学生自我反思的习惯。

第三，关注过程评价。过程评价通过对教学各环节的实时监控，形成对教育者和学习者的即时影响，其评价的核心目的不是证明学习者的能力或排名，而是促进学习者的学习。形成性评价伴随着教学活动的整个过程。

第四，评价形式的多样性。与传统的教育评价相比，形成性评价在评价内容、评价过程和评价形式方面都有很大的创新。评价实施主体也由教师转向既包含教师又包含学生，评价形式有教师观察、访谈、自我评价和建立学生档案等，但不管采用什么形式的评价，都要尊重学生，让学生能用更加积极的态度配合教学，改善教学效果。

第五，开放性。形成性评价的形式、内容较为新颖，同时也具有开放性。学生自评与互评、家长点评与参评的过程均体现了师生互动、家校结合的特征，具有随机的开放性。

形成性评价的作用主要体现在三个方面：一是给教师提供反馈。形成性评价伴随着整个教学活动，其评价是随机的，评价结果也是即时的，教师对有效的反馈信息进行分析，有助于其对教学活动内容、策略及教学目标及时调整。二是强化学生的学习。形成性评价能够及时给予学生正面的反馈信息，如在教学过程中常使用一些赞扬、鼓励性的评价语言可以提高学生的学习动力，增强学习的积极性。除此之外，可以加强学生对学习内容的认识，保证学生能较好地掌握所学知识。三是促进学生学习方式的改变。教师或学生对形成性评价结果进行分析及反思，能够发现学生学习方式中存在的问题，从而有意识地加以更正或改进，并逐渐引导学生向合作、探究、自主的学习方式转变。

三、总结性评价

总结性评价又称为"结果评价"或"终结性评价"，通常是在一节课或一个教学阶段结束后，对教育目标和教学效果的实现程度做出评价。一般来说，总结性评价应用的次数比较少，通常在学期或学年结束以后进行，是对学生表现情况的全面评定。与形成性评价不同，总结性评价注重教与学的结果，是对评价对象的全面鉴定。总结性评价的目的是评定学生的学业成绩，判断学生是否达到教育目标，证明学生的能力水平和掌握知识的情况，是对学生在某个课程或单元所取得的学习成绩进行的全面鉴定。

总结性评价一般遵循以下五个步骤：一是明确评价目的。评价实施中所依据的指标是根据目的拟定的，评价指标的研制是赋予评价可行性的过程。二是制定具体的评价标准。这是将评价转化为可测量的、直接的、具体的过程。三是选择合适的方法。进行总结性评价的方法有很多，如测验法、调查法等。四是对测量的数据进行统计分析。五是对评价结果进行阐释。

形成性评价与总结性评价的区别在于，评价结果若改进了教师教学策略或学生学习方法，就是形成性评价；如果评价结果只能作为对学生的评判，并不能加以利用，就是总结性评价。形成性评价的主要目的是发现教与学过程中存在的问题，帮助教师或学生及时获得有效的反馈信息，在以后的教与学中获得更好的效果；总结性评价的目的则是对学生的学习情况做出全面测定，属于结果评价。二者均存在优势与不足，形成性评价将学习者从"一考定终身"的教育制度中解放出来，但其操作性较差的不足也不可忽视。无论哪一种教育评价，其最终目的都是体现"以人为本"的教育理念，都是为了学生的成长与发展，让其形成正确的人生观、价值观和世界观。形成性评价与总结性评价的高效结合是推动教育活动扎实进行的不可或缺的原动力。

四、教育评价模型

互联网教育背景下的教育评价过程是一个过程性评价与总结性评价相结合的动态过程，互联网教育的教育评价模型与互联网教育的教学模式紧密结合，使教育评价产生于教学活动的整个过程中。教育评价过程包括了准备、实施、处理、反馈四个阶段。

首先是准备阶段。互联网教育教学活动中的教学目标、诊断性评价和课前准备三个教学环节是实施互联网教育评价的准备阶段，具体可从三方面操作：一是需要确定互联网教育的评价目标，制定网络环境下教育评价的指标体系；二是选择信息来源和信息处理方法，信息可以来源于学习者学习过程中的习题量化指标、考试成绩以及学生在网络平台的各种学习行为表现，再结合教育评价的指标体系确定信息的处理方法；三是进行课前的诊断性评价，需要教师提前设置好试卷或评价表、调查问卷、质量诊断表等，可以选择使用网络平台提供的试题库，也可以自制试卷或问卷。

其次是实施阶段。网络环境下，教育评价贯穿整个课堂。与传统面授环境下的教育评价相比，网络环境下的教育评价可收集在网络平台上师生的交互信息以及学生的行为表现信息。除此之外，网络环境下师生之间相对分离，使教师无法利用传统方法来认识和了解学生，而对学生情况的了解又直接影响到评价的效度和信度。因此教师应及时了解学生进行互联网学习时的行为信息，这些信息比较客观地反映了学生在网络平台上的实际表现。

再次是处理阶段。互联网教育评价的处理阶段即对实施评价过程中收集到的数据信息进行统计分析，形成综合判断，最终得到评价反馈。

最后是反馈阶段。互联网教育评价的特征之一就是评价周期的缩短决定了在实施评价的过程中需要每隔一段时间就对学生的学习进行评价，并借助网络平台中的交流工具给予反馈，这非常有利于学生及时修正自己的学习方法，有利于教师及时调整自己的教学方法。

第四节　大数据下的互联网混合教育评价

随着大数据、人工智能、移动互联网和云计算等信息技术的不断发展，教育必然走进互联网教育的智能化时代，未来的教育评价也随之步入智能评价时代。人工智能应用于教育，就是要对数据进行采集、分析和判断，生成教育大数据。未来的互联网教育是一个数字化教学的环境，在这样的环境中，所有的教学过程、学习过程和学习行为都可以通过数据的形式来表现，未来的教育评价就是基于大数据技术对教学行为、学习行为进行数据分析并形成判断和评定。

一、以大数据为基础和导向

在大数据的帮助下，教师不仅仅可以反馈学习者的学习成绩，还可以向学习者出具一份基于知识结构和能力的"诊断报告单"。通过"诊断报告单"，学习者不但可以知道自己对知识的掌握情况，还可以通过自我能力的优势、劣势分析，了解自己仍需提高哪些方面，找到提升成绩的方法，从而不断完善自己，全面发展自己。在互联网教育中，教育评价将基于大数据进一步完善和智能化。

以大数据为导向是未来互联网教育评价的主要特征。在教学过程中，运用网络的交互性时时记录师生间、学生间的交互信息，为教育评价的实施提供了丰富的评价资源和依据。从数字化时代进入数据时代，原来存储的很多数字化信息，如以前不能自动识别的语音信息、扫描的图片信息，都可以通过模式识别、感知智能技术等变成计算机能够识别的字符，让数字信息转换为数据信息。在自动评卷中，以大数据为基础和导向的教育管理系统将所有的作业、课堂行为、考试数据集中起来，进行全面诊断和分析，对学习者的学习行为、学习效果、学习能力做一个基于个性化的全面反馈。

有了数据之后，既可以根据考试成绩进行学习效果的分析，也可以对教学和学习行为进行深入分析。如经过考试，可以形成个人的知识掌握图谱，反馈学习者掌握的知识点和未掌握的知识点。对教学活动和学习者的学习行为进行深入分析可以帮助学习者形成一个关于学习过程的评价报告，分析出什么样的学习方式效率最高，什么样的知识点容易被理解和接受，自身哪些方面的能力还有待进一步加强。基于这些问题和难点，大数据还可以向学习者推送有针对性的学习素材。

二、"生评生"和"机评生"

互联网在线课程的学习一般规模都比较大，通常几万人、十几万人选择同一门课程。在作业量巨大的情况下，如何及时评价是需要思考和解决的。然而在互联网教育背景下，这并不是一件很难的事情，对于简单的随堂测试，可以直接用机器评分，而对于开放性的问答类题目，可以让教师评，也可以让学生互评。以前，人们把学生教学生的教学方式叫"生教生"，借用这种说法，学生之间的互评就可以叫"生评生"。为了保证评价的客观公正，互评者的系统是随机匹配的。"生评生"的步骤如下：

（1）量化评分标准。这是同学互评模式的前提准备工作。教师事先制定系列规则，其中包含为某一主观性作业进行评判定级的详细标准、注意事项以及评分者必须严格遵守的详细步骤，是同学互评过程中每一位同学做出结论时的参照标准。

（2）进行同学互评。这是为学习者的主观作业（论述题、小论文、调查报告等）评分定级的阶段。在教师事先制定的详细量化评分标准的指导下，由处于同一学习背景下的学生互相评判打分，为了保证同学互评的客观性，通常一份作业要经过三名以上同学的评定才能得出最后的成绩，这对于学生开拓思维、接受多元化观点十分有益。

三、混合教学中的全面多元教育评价

未来的教育是传统课堂面授与网上教学相结合的混合教学，与混合教学相伴出现的是混合教育评价。混合教育评价是指在传统课堂和互联网在线混合的情境下，通过收集学习者学习过程中的客观资料、信息和数据，对学习者的学习行为、学习态度和学习结果进行量化分析并做出价值判断的过程。根据对混合教学定义的分析，可以得出混合教学是传统的课堂面对面教学和网络教学或数字化教学的结合。因此，混合教育评价是对这种教学模式下学习的学习者在课堂和网络学习中各个方面的表现进行的价值判断，包括回答问题、发帖次数、测试、小组合作、网络作业、课堂作业等方面的情况。

传统课堂面授环境下的教育评价的实施步骤主要有准备阶段（包括确定评价对象、评价指标等）、实施阶段（教学活动的中心环节，利用各种评价工具和评价技术收集评价信息）、评价结果的处理与反馈阶段（分析评价结果，撰写评价报告以及反馈评价结果）。与课堂面授环境下的教育评价相比，混合教育评价的实施步骤与之大致相同，只是在数据收集过程中需要同时收集传统课堂环境下学习者的学习行为信息和网络环境下学习者行为信息。

混合教学背景下教育评价的实施过程包括以下五个步骤：

第一，确定评价目标。在教学的准备阶段应首先明确实施教育评价的对象，确定评价的目标，制定评价指标体系。

第二，设计评价工具。教师在进行教育评价之前应选择合适的评价工具，如试卷、调查问卷、质量诊断表或评价量表等，教师可以在课堂面授之前对学习者实施教育评价，也可以利用互联网教育教学平台展开教育评价。

第三，收集数据和资料。收集用于教育评价的数据和资料的过程即为实施教育评价的过程。要收集的数据和资料应该包括学习者在传统的面对面学习和互联网学习两种不同学习环境下的所有相关的评价信息。与传统的面授环境下的教育评价相比，混合教学环境下的教育评价信息除了收集课堂面对面教学过程中学生学习的行为信息之外，还可以收集师生之间、生生之间在互联网学习环境下利用网络平台进行交流互动的信息和学生在网络平台中的学习行为和表现。在数字化教学环境中，所有教学、学习的行为都能被数字化。

第四，分析数据。对收集的数据和资料进行统计分析和处理。

第五，评价报告。对学习者的学习情况进行评价，形成综合性判断，进而得到评价报告及反馈结果。

与课堂面授环境下的教育评价相比，混合教育评价下的每一次考试都可以帮助学习者形成即时的评价报告。这份评价报告不仅能够展现考试分数，标注哪对哪错，分析做对做错的原因，还能形成基于知识点掌握情况的个人学习图谱，并根据学习图谱推送有针对性的学习素材。混合教学环境下的教育评价可以让已经掌握知识点的学生节约时间去学习新的内容。

第七章 互联网时代高校教育质量评价体系的构建

1949年以后，我国高校教育体系迅速发展，但在发展过程中仍有很多不足，高校教育的质量需要进一步提高，以更好地满足社会对人才的需求。教育评价包括对教育质量和教育职能（管理）两方面的评价，构建科学合理的教育质量评价体系是提高高校教育质量的关键。

第一节 高校教育质量评价体系概述

一、质量管理、质量保障和质量评价

质量管理伴随着高等教育而存在，质量保障则是质量管理发展的新要求，具有特定的历史意义。比较而言，质量保障突出整体性，质量管理凸显过程性。正如现代管理学的开拓者彼得·德鲁克教授所说："管理是一种实践，其本质不在于知，而在于行；其验证不在于逻辑，而在于成果；其唯一权威就是成就。"现代管理学研究表明，质量来自管理，质量的高低取决于管理的优劣。因此，保障高校教育质量的关键是建立完善的教学质量管理制度，即建立以激励为主的有利于学生个性发展的教学制度和教学管理运行机制，强化教学过程的管理，加强对教学质量的监控和评价。

只有建立适应高等教育大众化和普及化的教育质量保障与评价体系，才能使高校教育的质量得到切实保障。早在1998年，联合国教科文组织的《21世纪高等教育：展望与行动宣言》中就明确指出："把学生视为高等教育关注的焦点和主要力量之一，应当在现有的制度范围内通过适当的组织结构，让学生参与教育革新（包括课程和教学法的改革）和决策。"可见，只有建立完善的组织和制度，才能真正提高高校教育质量。如果没有组织和制度作为保障，再好的理念也难以转化为具体的实践。此外，还要进一步加强高校校风、教风和学风建设，构建一个有利于学生健康发展的环境。

质量评价是提升质量的有效手段，但评价又是非常困难的事情，甚至可以说是管理学界的难题，评价是一种基于价值的判断，具有较强的主观性，因此，没有绝对客观、公正

和科学的评价。在此情况下，评价就更需要理论的指导。如何使高校教育的发展保持张力，是值得关注的重要问题。

建立高校内部质量保障体系既是高校落实科学发展观、深化教育教学改革的着力点，也是进一步巩固评价成果的关键，是构建有特色的教学质量保障体系的基础环节。要进一步提高高校的教育质量，就需要构建并完善内部质量保障体系和外部质量监控体系，最终形成保证和提高教学质量的长效机制。

高校教育要真正关心学生的学习环境和发展命运，这就需要了解学生是否在低质量的环境中学习，而不是去对质量的定义进行令人头疼的哲学思辨。

二、高校教育质量评价体系的设计原则

（一）激励性原则

高校教育质量评价是把各学校的教育工作置于横向比较、鉴别之中经受评价检验。通过评价，可以获得学校教育质量的高低、优劣等信息，形成客观的比较，这必将产生强大的压力和动力，进而激发和增强学校的竞争意识。开展教育质量评价，相当于把竞争机制引入教育领域，科学的评价制度和方法将为教育竞争创造一个公平合理的环境。

在质量评价的过程中，高校必须始终坚持以发展为本的重要原则。要根据评价对象过去的基础和现在的表现，对学校的各方面状况进行全面分析，这不仅仅是对高校的教学成果做一个价值判断，更是通过对评价对象的评价与"诊断"，发现其面对的问题和困难，帮助评价对象进一步明确未来发展的目标，激励评价对象通过发展缩小与其他高校的差距。也就是说，质量评价可以评判一所高校教育质量的好坏，更重要的是能帮助学校发现问题，使高校能够更清楚地认识到自己与优秀学校的差距，找到努力的方向。

（二）明晰性原则

高校教育质量评价体系的明晰性原则是指评价的目的、内容和要求都要明确、具体、清楚、明了。只有确立了明确的评价目的、评价内容和评价要求，评价才能顺利开展，才能更好地达到评价目的。所以，评价内容应紧紧围绕促进高校及师生的自主发展这一目标，明确要实现此目标的主要因素，例如应高度重视校园文化建设、人才质量的提高、学校专业与社会需要挂钩等方面的内容。对评价内容的每一个要素的具体内涵都要做出明确、翔实的定义，否则就会产生许多不必要的分歧，影响评价的实际效果。

高校教育质量评价体系的明晰性原则体现在对评价者和评价对象提出具体要求，主要包括评价者的职责、任务、纪律、规定，例如评价者要有高度的责任感和求真务实的精神，要公正、正直、秉公办事。另外就是对评价对象的要求，主要包括学校全体成员要从整体上把握，从细微处着手，要以评价为契机，实现学校又好又快地发展。同时，评价的目的、

内容和要求都要在评价活动开展之前让评价者和评价对象了解，这样才能使评价对象有明确的努力方向和目标，才能让评价者懂得为什么要去评价、评价的内容是什么、应该怎样去评价。否则，评价者和评价对象在评价的实际工作中就会茫然不知所措，评价结果也不会令人满意。

（三）可行性原则

高校教育质量评价体系的可行性原则是指高校教育质量评价的对象具有可比性，指标体系具有可测性，评价工作具有简易性，从而保证评价工作顺利进行的原则。可行性要求评价工作要尽可能用较少的指标、条目较简便的方法和途径反映出评价对象的本质属性和功能，高校教育质量评价的各项工作都要建立在可行性的基础上。高校教育质量评价要想在广泛的范围内开展起来，必须使评价工作简易可行，这样才可以使评价主体把评价与改进工作结合起来，而不会把评价工作当成负担。

另外，一项评价工作的开展需要花费一定的人力、物力和财力，如果评价不能解决实际问题，那么不仅浪费了国家的财富，也给评价对象造成了很大的负担，可能导致评价对象的不满和反感。因此，评价体系的设计特别是评价具体指标的设计必须针对高校普遍存在的实际问题，如学校的办学定位、办学特色以及学生的实际能力等。通过进一步完善评价指标，可以提高评价体系的可行性，突出评价对象的个性和特色，这对于促进高校准确定位、提高学生的实践能力和创新精神都是非常有利的。

三、高校教育质量与就业核心竞争力

部分高校现有的专业和组织结构在设置上存在盲目性、随意性，造成人才积压和人才紧缺并存的结构性失衡，这必然导致教育系统与就业系统的错位，进而影响学生就业。

高校教育的质量主要体现在社会适应性上，因此，市场竞争就成为保障高校教育质量的主要方式。而信息的完全程度，也就是信息在高校与外界（政府、社会）之间以及高校内部各成员之间的对称程度直接影响着市场竞争的有效性。因此，高校教育领域的信息对称程度就成了高校教育质量保障工作有效开展的重要影响因素。

仔细分析起来，高校不能弘扬自身的办学特色，不能很好地根据产业经济和地方社会的发展需要来设置优势专业，必然会影响专业竞争力，也会影响大学生对学校和专业的认同。专业的发展方向就是特色、竞争力和比较优势，如果没有特色、没有竞争力、没有比较优势，那么这个专业就不是好专业。专业是高校人才培养工作的载体，专业设置得合理与否不仅关系到专业自身是否合理存在，而且关系到高校培养的人才是否具有较强的社会适应性。与此同时，社会需要的专业很多，但学校的资源是有限的，学校要在自己力所能及的范围内扬长避短、培植优势、打造特色，以优势立足，以特色取胜。

无论是单一性、精英式的传统质量观，还是多样性、大众式的现代质量观，都在一定程度上反映了不同时期的社会政治、经济和文化对高校教育的不同要求以及高校教育在不同环境下的价值取向。现代意义的高校教育质量观最主要的特点是质量标准的多样化，强调高校教育质量评价标准的公正性、科学性和国际性，强调高校教育质量评价的个性化和特色化。

第二节　高校教育质量评价体系的探究

高校教育质量评价是对高校教育教学、学术研究、经营管理、社会服务等系统、组织的评价。我国学者认为它是"以高等教育为对象，依据高等教育目标，利用一切可利用的评价技术和手段，系统地收集信息，并对其教育效果给予价值上的判断，为做出决策、优化教育提供依据的过程"。

日本学者认为："所谓大学评价，是对从大学的社会制度到个别的高等教育机关的组织和机能所具有的价值，依照一定的目的，在一定水准的基础上，做出科学判定的过程。"高校教育质量评价是一个复杂的过程，其以价值判断为核心，以与高校教育直接或间接相关的事物和人为对象，主要目的不在于价值判断本身，而是通过价值判断科学地利用其判断结果，优化高校教育，充分发挥其功能。

哲学上的价值体现在主体与客体之间、需要与满足之间，是客体所具有的属性同主体需要之间的一种特定的关系。高校教育的价值体现在高校教育主体与客体、需要与满足之间，即高校教育的客体所具有的属性同高校教育主体的需要之间。客体是否能够满足主体的需要，其中存在着一种价值判断，把这种价值判断进一步制度化就会形成评价制度。高校教育质量评价制度在高校教育不断发展的历史过程中形成，并且不断完善和发展。对高校教育质量评价本质的研究不但能够完善、丰富高校教育评价的理论体系，而且能够促进高校教育的健康发展。

一、对高校教育质量评价主体的辨析

随着高等教育规模的不断扩大，与之相关者也越来越多。高校教育质量由谁来评价，将决定着评价的基本性质。由于评价主体的评价理念、目的、标准、内容等有所不同，评价的结果也不同。在实际评价的过程中，可以把评价主体分为高校自身、政府和第三者部门来分别进行探讨。

（一）高校自身作为评价的主体

把高校自身作为评价主体的评价被称为自我评价。实施自我评价的高校具有双重性质：既是评价的主体，也是评价的对象。高校自我评价的理念和目的会直接影响评价的质量，自我评价的目的不外乎两个：一是为了高校自身的生存和发展，提高市场竞争力，保障和提高教学、科学研究、经营管理、社会服务等各个方面的质量，这是一种纯粹的自主、自律的自我评价，它的动力来源于高校自身。二是为了应对来自高校外部的评价，在外部评价的压力下被动实施自我评价。因为外部评价一般是在自我评价的基础上进行的，高校不得不实施自我评价，外部评价的结果直接关系到高校自身的利益，这种自我评价可以称为"被动自评"。现实情况表明，高校实施的自我评价基本上只具有上述两种情况。要想真正做到自主、自律地进行自我评价，必须提高作为评价主体的高校对自我评价的本质的认识。

自我评价的成员主要是高校的管理者、教职员工及学生。为了保证自我评价的真实性和公正性，还应该有高校以外的代表参加。从管理层和教职员工中选出一部分较有影响力的代表，与学生代表和校外代表组成自我评价组织，在办学理念的指导下，按一定的评价标准和程序进行评价，形成自我评价报告书，并将评价结果向高校内外公开。高校教育的主体是作为受教育者的学生，学生作为高校自我评价的主体之一，在理论上是最具有说服力的，可是在实际评价中，很少或者根本没有学生代表，受教育者的权利在评价中没有得到体现，这说明高校自我评价在评价主体的组成上存在一定的问题，也是必须要解决的问题。

作为自我评价的主体，高校应该切实肩负起评价主体的责任。如果自我评价的结果只是停留在对自己学校的介绍甚至美化上，就失去了自我评价的意义，因此，自我评价必须做到客观、真实。高校应将自我评价作为一种管理手段，有效利用自我评价的结果找出学校在教育教学、科学研究、教育管理等工作中的优点和问题，这对高校制订改革发展计划有着重要的作用。通过自我评价能够进一步发挥高校的能动性，激发教师的积极性，提高科学研究质量，改善教育管理水平，实现自我评价的真正目的。

（二）政府作为评价的主体

政府对高校教育质量实施评价，主要是从高校教育所处的国内外形势、环境出发，在宏观上把握高校教育的情况，制定发展政策。政府作为评价主体的评价属于行政性评价或政策性评价。

以政府为评价主体的高校教育质量评价是通过转变教育行政部门的管理职能，制定相关的法律或规章制度，加强和改进对高校教育工作的宏观管理和业务指导，强化对高校教育教学质量、办学条件等的监测和调控，其目的是促进高等教育事业持续、健康发展，保障和提高高校教育的整体质量，使之发挥更大作用。政府多是通过设立直属的行政评价机构来具体实施评价的，这些评价机构根据相关的法律文件制定评价的目的、目标、基准、规则、程序等，对高校进行评价。例如，我国于 2004 年正式成立了中华人民共和国教育部高等教育教学评估中心，这个机构是教育部直属的行政性事业单位，其主要任务是负责组织和实施高校专科和本科教育的评估工作，中华人民共和国教育部高等教育教学评估中心作为高校教育质量评价主体之一，高校教育实施评价，其评价属于行政性评价。

以政府为评价主体的高校教育质量评价实施的一个特点是评价与资源分配有着直接关系。也就是说，这种评价本身会成为资源分配的一种方式。资源分配的主体一般是资源拥有者或管理者。在规范哲学中，正义论认为市场上的交换存在着两种截然不同的形式，一种是交换性正义，一种是分配性正义。前者在平等的基础上具有自主的性质，后者在上下关系中存在着权威性。例如，在社会中上司评价下属，在学校里校长评价教职员、教师评价学生，这种上下级评价是现实中存在的。那么，政府为主体的高校教育质量评价就属于上级对下级的评价，它的权威来源于所属关系和资源分配。

（三）第三者部门作为评价的主体

以第三者部门作为评价主体对高校教育质量实施的评价称为第三者评价。第三者评价机构不隶属于高等院校和政府，它具有独立的法人地位，拥有自主权，是一种专门性较高的高校教育评价组织。第三者评价具有真实性、客观性、透明性、科学性等特点，评价结果应该向被评价的高校和整个社会公开，其主要目的在于为政府和高校的决策与改革提供咨询服务和重要数据，完善高校教育信息。第三者评价在保障和提高高校教育质量、优化高校教育结构、促进高校教育可持续发展等方面发挥着重要的作用。

第三者评价组织主要是由具有较高的责任感与丰富的高校教育经验的学者、专家等构成，组织成员多来自高校、高等教育研究和管理部门。组织成员构成决定了第三者评价的权威性。这些知名的学者和专家凭借他们丰富的教育教学、研究管理等知识、经验和理念，在国家高等教育方针政策的基础上，制定高校教育质量评价的目标、标准、指标、内容、方法、程序等，对高校进行评价。

各高校的办学理念、发展历史、类型、层次等有所不同，高校最高决策者的管理经验和水平等也存在差异，因此在制定自我评价的目标、标准、内容、方法等方面存在着是否合理的问题，同时也存在着评价的过程、结果等是否真实、客观的问题。这些问题的发现及和解决需要一个科学的、客观公正的第三者来评价。

第三者评价机构未必要对高校的所有领域进行综合性评价，而是可以根据自己机构的特点及实力，对高等院校的部分领域实施评价，这样可以保障评价的专门性和科学性。像这样由多个具有专门性的第三者评价机构形成的第三者评价系统，如果能够充分地发挥系统功能，那么对于保障和提高高校教育质量作用极大。

二、对高校教育质量评价多元论的评判

多元论是在某些特定的场合，综合性地肯定和接受对某种事物多样的立场或观点，对于事物而言，它的存在是由这种事物本身的价值决定的。价值多元主义是哲学的一种思想，它认为在现实中，同等存在着正确的、根本性的多种价值，这些价值是相互矛盾统一的，在多种情况下，它们之间是不能相互替换的，因为它们不具有客观的序列性。高校教育质量评价多元化的形成是因为这种评价本身存在着多元化的价值，它不仅表现在评价的多样化形式上，还表现为具有多样化的层次和内容。这种根本性主要来源于高校教育的多元化发展，因为在高校教育评价领域里存在着多元的评价主体、多元的评价对象、多元的评价标准等。

（一）评价主体的多元化

高校教育由谁来评价？这个"谁"就是评价的主体。主体之所以具有评价的权力，是因为它是高校教育的利益相关者。随着高等教育的发展，高校教育的社会价值越来越大，所作用的社会领域越来越多，利益相关者自然也越来越多，多元化评价主体的产生也就具有了一般性的道理。

按照高校教育质量评价主体产生的顺序，应该是高等院校自身作为评价的主体最先登场，因为它所担负的高校教育的责任最直接、最重要。随着高等教育"市场化"进程的推进，作为高等教育消费者的学生和家长的民主意识不断提高，对高校教育的要求也不断增加，他们要求自己所购买的"产品"在质量上得到保障，在社会中得到认可。高等院校不得不在"产品"的附加值上下功夫，以赢得消费者的信赖和承认。把这种理念作为前提，高等院校就要付出实际行动，不断改善自己，保障和提高自己的质量。不断地对自己进行检查和评价，并把上一次的评价结果作为下一次评价的开始，循环往复，不断地进行改革和创新。

高校教育的发展也会反作用于国家与高等院校的关系。在高校教育不同的发展阶段，两者关系的体现也有所不同，它们之间由原来的"权力"和"义务"关系，逐渐向"管理"和"责任"的关系转变。在"管理"和"责任"之间还存在着一个"纽带"或"桥梁"，这个"纽带"或"桥梁"就是评价。有评价就会有评价主体。国家或政府通过制定高等教育的大政方针来引导高校的教育发展，高等教育大政方针的制定必须建立在教育事实的基础上，而事实来源于评价的结果。国家或政府作为高校教育质量评价主体的产生和存续，其价值是无法替代的，其意义十分重大。

此外，在国家和高等院校之间还存在着既"非此非彼"又"亦此亦彼"的第三者评价主体。第三者评价主体必须对国家和社会负责，并与高等院校之间保持平等、自愿、协商的关系。第三者评价主体的产生和发展既能够丰富高校教育质量评价的形式和内容，又能够客观、

科学地保障高校教育质量，为高等院校接受外部评价提供更多的选择空间。第三者评价主体存在的价值在于客观、公正、真实、科学、公开，是其他任何评价主体都无法代替的。

多元化的评价主体从不同的侧面对高等院校的教育教学、科学研究、管理经营、社会服务等进行检测、监察，对高校具体的改革与发展提出意见和方案，保障高校教育健康发展。

（二）评价对象的多元化

随着高等教育的不断发展，高等院校呈现出多类型、多层次的发展趋势，既有国家直属高校、地方高校、民办（私立）高校、合作办学高校，也有研究型大学、教学研究型大学、教学型大学；有历史悠久、实力雄厚的大学，也有新建高等院校等。这些多样化的高等院校是与社会发展的需求相适应的，为社会发展培养各级各类、不同专业的人才。由于各高校的具体职能不尽相同，它们存在的价值也有所不同。正是这些职能、价值不同的高等院校的存在使高校教育质量评价的对象呈现出多样化特征。由于高校教育质量评价对象的多样化，高校教育质量评价的形式也向着多元化的方向发展。

高校教育发展的历史表明，高校教育的功能在不断扩大，高校的职能也在渐渐增加，其三大职能主要有：培养人才、科学技术研究、直接为社会服务。随着高校教育的发展，还可能会出现更多职能。就三大职能来说，高等院校是否真正发挥了自身的作用，如何保障和提高三大职能的质量，就需要对其进行评价。

高校教育质量评价对象的多元化会使评价出现多种类型，如根据评价对象类型的不同，可以分为研究型大学评价、对于教学研究型大学的教学研究型大学评价、对于教学型大学的教学型大学评价、新建院校评价等。根据评价领域的不同，可以分为培养人才领域的评价、教育研究评价和社会服务评价。这些评价有类型和层次的区别，它们既可以完善高校教育质量评价系统，也能够使高校教育质量评价向高度专业化的方向发展。

（三）评价标准的多元化

高等教育从精英教育发展到大众教育再到普及化，是在科技和经济发展到一定阶段，国家和社会对高等教育需求不断扩大中形成的，它的原动力是高等教育的"内推"和"外引"。"内推"就是个人对高等教育内在需求的增加，"外引"就是国家的高等教育政策。从哲学层面上讲，这是认识论和政治论相互作用的结果。高校教育是否能够满足个人、社会和国家的需要是高校教育质量评价的哲学依据。复杂的教育形式决定了高校教育质量评价标准应该是多元化的。

因此，在评价标准的制定上，应该从两个方面出发：一是个人的需求。高校能在多大程度上满足哪一类受教育者的需求，这是评价主体在制定评价标准的时候应该考虑的重点要素之一。围绕着培养人才和满足个人需求，会涉及高校各方面的要素，如教育教学、管理运营、历史特色、地理位置、物质资源、师资构成、学生情况、专业设置、学科建设、学术科研、社会声誉、发展潜力等。二是国家和社会的需求。国家和社会的需求随社会发展而产生，并逐步呈现多样化特征，是基于国家和社会的政治、经济发展情况对劳动力、专门人才、科学技术等提出的要求。评价主体在制定评价标准的时候，对于高校能够在多大程度上满足国家和社会的哪些需求，是必须重点考虑的。

由于高校教育发展阶段不同，高校的类型和层次不同，在满足受教育者个人、社会和国家的需要程度的价值判断上也有所不同，因此，对其评价的标准也应该是多样的。高校教育质量评价主体如何制定评价标准与判断高校教育的价值有关。作为评价主体，必须清楚地把握高校教育的状况，国家和地区在政治、经济、科技等方面对高校教育的需求，并且能够科学地预测高校教育的未来发展，这是制定评价标准的基本前提。

三、对高校教育质量评价政策的分析

（一）战略设计上：由一般到具体的发展

1985 年颁布的《中共中央关于教育体制改革的决定》中指出："教育管理部门还要组织教育界、知识界和用人部门定期对高等学校的办学水平进行评估。"这是我国第一次对高校教育评估明确提出的概念和要求。此后，理论界围绕高校教育的评估对象、评估目的、评估意义、评估标准、指标体系、评估方法等展开了探讨。与此同时，由国务院、教育部（原国家教委）等制定的关于开展高校教育质量评价的有关规定、条例、方案陆续出台。

从我国高校教育质量评价政策的发展过程可以看出，我国高校教育质量评价政策经历了从无到有，政策设计也从粗放式的简单要求到具体、详细的评价规范。从评价概念和要求的初次提出到评价管理机构的职责划分，从初时的政策文件到以立法的形式确定高校教育质量评价，从高校教育宏观调控体系与评价制度的建立到不同科类高校教学工作评价制度的形成，从教育主管部门对高校的评价到建立高校内部教学质量检查监督的措施和办法，从教学工作水平评估原则的确立到对指标体系、等级标准、评估结论、评估方针的明确规定，政策设计的指向性越来越明确，对评估工作的指导和规范作用逐渐加强。目前，可以说在任何一项关于高校教育质量的政策中，评价都是不可缺少的组成部分。

（二）本质上：从工具性价值到目的性价值的转变

高校教育质量评价政策包括两个方面的价值：一是对高校教育质量评价的统筹规划和发展方向制定指导原则，主要是协调高校教育质量评价的内部关系；二是国家确定高校教育质量评价活动的方向和发展目标，主要是协调高校教育质量评价的外部关系。内部价值着重解决高校教育质量评价活动的内部矛盾，即通过解决质量评价生存和发展的应然目标与实然状态之间的矛盾，最终达到使受教育者全面、自由、和谐发展的目的。高校教育质量评价政策的内部价值主要是以合乎质量评价和人的发展，以及合乎的程度来评判的，这种价值可以称为高校教育质量评价政策的目的性价值。而评价政策的外在价值着重解决高校教育质量评价的外部关系，具有一种功利主义的价值取向，称为工具性价值。从本质属性来说，高校教育质量评价政策的内在价值高于外在价值，高校教育质量评价政策的目的性价值高于工具性价值。

国家在评价政策的制定过程中，坚持国家发展与高校教育质量的统一。一方面通过评价提高高校教育质量，视高校教育质量为其参与国际竞争和满足社会对人才需求的工具。另一方面，国家权力通过评价政策，调集大量资源发展高校教育并解决教育质量上出现的问题。从国家利益与高校教育利益的关系来看，现阶段出台的评价政策相对重视内在价值，尊重高校教育发展的内在需求，引导高校教育质量评价的各项工作规范、有序地开展，从而促进高校教育质量不断提高，为社会整体进步提供原动力。可以说，我国高校教育质量评价政策的演变过程是一个从工具性价值到目的性价值不断升华的过程。例如，《普通高等学校教育评估暂行规定》是第一次对高校教育质量评估进行的规定，指明普通高校教育评估的主要目的是"增强高等学校主动适应社会需要的能力，发挥社会对学校教育的监督作用，自觉坚持高等教育的社会主义方向……更好地为社会主义建设服务"，强调"普通高等学校教育评估坚持社会主义办学方向，认真贯彻教育为社会主义建设服务、与生产劳动相结合、德智体全面发展的方针，始终把坚定正确的政治方向放在首位，以能否培养适应社会主义建设实际需要的社会主义建设者和接班人作为评价学校办学水平和教育质量的基本标准"。规定行文中的"社会主义办学方向""高等学校主动适应社会需要的能力""把坚定正确的政治方向放在首位"等措辞，彰显了高校教育质量评价政策的工具性价值。1993 年，《中国教育改革和发展纲要》（以下简称《纲要》）提出"建立各级各类教育的质量标准和评估指标体系。各地教育部门要把检查评估学校教育质量作为一项经常性的任务……对职业技术教育和高等教育，要采取领导、专家和社会用人部门相结合的办法，通过多种形式进行质量评估和检查。各类学校都要重视了解用人单位对毕业生质量的评估"。《纲要》开始转向强调不同类型高校的评估和不同形式的评估，转向对人的发展价值的关注，倾向于促进受教育者全面、自由、和谐发展的目的。而其后的一系列评估政策，包括分科类高校评估、评估的组织、评估的要求、评估指标体系的变化、评估的措施、评估方法的规范等，都是为了协调评估过程中的内部关系，为了对评估的统筹规划和发展进行指导，促使评估从实然状态走向应然目标。

（三）功能上：从导向功能和调节功能向管理功能的转变

教育政策的本质决定其具有导向、调节、管理的功能，从而使教育政策具有客观的价值属性，高校教育质量评价政策也是如此。20 世纪 80 年代中期至 90 年代中期发布的高校教育质量评价政策赋予了质量评价基准控制和奖优罚劣的双重功能。1985 年《中共中央关于教育体制改革的决定》中明确指出："教育管理部门还要组织教育界、知识界和用人部门定期对高等学校的办学水平进行评估，对成绩卓著的学校给予荣誉和物质上的重点支持，办得不好的学校要整顿以至停办。"1990 年的《普通高等学校教育评估暂行规定》提出，高校教育评估是"对学校办学水平和教育质量作出评价，为学校改进工作、开展教育改革和教育管理部门改善宏观管理提供依据"。这些都是通过评估对高校办学基准和质量进行控制的体现。此后的许多评价政策也关注了不同类型的高校之间、不同集团之间的差异，有效地协调了他们之间的关系，保证了高校教育事业平衡有序发展，为高校的分类发展奠定了基础。

从 20 世纪末至今，高校教育质量评价政策的功能则转向了对高校教育质量的管理，保障和促进高校教育质量的稳定和提高。1998 年，教育部印发的《关于深化教学改革，培养适应 21 世纪需要的高质量人才的意见》首先提出："对高等学校教学工作进行评价是诊断学校教学工作，深化教学改革，促进教学建设和提高教育质量的重要手段，也是实施教学管理的重要方式。"2001 年教育部印发的《关于加强高等学校本科教学工作提高教学质量的若干意见》中指出："各级教育行政部门要把教育质量特别是本科教育质量作为评价和衡量高等学校工作的重要依据……牢固树立人才培养的质量是高等学校生命线的观念。"此后进行的高校分类建设和质量工程都是质量评估结果的体现。如国家对"211工程""985 工程"的投入建设，推进示范性高职院校发展的策略以及对地方院校、新建本科院校的逐渐关注。2007 年的《教育部 财政部关于实施高等学校本科教学质量与教学改革工程的意见》等，可以说是建立在高校教育教学质量评价的基础上的后续进行的质量建设政策。2020 年，中共中央、国务院印发《深化新时代教育评价改革总体方案》《关于深化新时代教育督导体制机制改革的意见》，明确提出"改进本科教育教学评估，推进高校分类评价""加强和改进教育评估监测"。

第三节　高校教育质量评价体系的实践要素

高校教育质量评价指的是"以高校教育为对象，依据教育目标，利用一切可利用的评价技术和手段，系统地收集信息，并对其教育效果给予价值上的判断，为做出决策、优化教育提供依据的过程"。也就是说，高校教育的质量评价体系实际上建立在收集信息的基础上，是以价值判断为目的的过程。从世界高校教育发展来看，高校教育质量保障制度的普遍建立已是大势所趋。但是，西方发达国家的高校教育质量管理制度的经验说明质量保障制度是建立在质量评价制度之上的，也就是说质量评价制度是质量管理制度的基础，质量评价所得出的相关的价值判断和信息是质量保障和质量改进的基础数据。通过对国内外高校教育质量评价的研究，我们发现院校内部质量评价体系的完善需要充分发挥基层学术组织在专业发展、人才培养上的作用。

一、行政管理模式的转变

改变行政管理模式，确立知识型的学术基层组织制度。从理论上来说，学科是大学的细胞，是大学教学科研发展的基础所在。学科可以被看作是一种组织的基础。高校从整体上来说就是一个学术组织，是一个学科群的集合体，越到基层越倾向于某一单一学科体系，这样才可能符合其整体学术性的要求。因此，基层组织的学科属性和学术特性是由大学与生俱来的特性决定的。教学、科研和为社会服务的大学三大职能实质都是知识创新。教学职能是通过人才的培养达到知识的传承，继而为知识创新做准备；科研职能是通过科学研究直接进行知识的更新换代；为社会服务职能是建立在教学和科研基础上的。当然，知识创新需要制度保障，而以学科为基础的知识本体模式则成为此创新的重要载体，这样的基层制度建设才是成功而有效的。

知识本体模式的基层组织制度是人才培养创新的基础，它为课程设置的多样化和灵活化提供可能。只有建立在知识本体模式之上的课程设置、教学、评价，才可能给予授课教师最大的权限。这样才可能保证在课程设置之前，授课教师进行市场分析、学生调查并根据相关信息具体设计出最符合知识发展的人才培养方法，或者是最符合学生需要的课程内容，或者是最符合市场需求的教学方式，并能够根据学生的评价适时调整教学内容和教学方法。

以多样化课程组合而形成的模块课程学位制度必须建立在知识本体的基层学术组织模式基础上。"如果你想获得硕士学位，我们灵活的课程设计将在你需要的专业领域为你提供更加专业化的知识，并为你提供更加广泛的课程来整合你的课程模块，以适应你的个人兴趣和需要。当你并不确定能够承担所有的硕士学位课程时，你也可以灵活地选择课程模式。"以上这段话正好说明了在同样的学位背后可以通过多样化的课程模块来满足多样化的学生需要和市场需要。而多样化的课程模块需要学科间的自由互动和交流。学科是相对独立的，知识是综合的，知识本体的基层学术组织建设将为这样的学科交流提供空间和可能。

反观院系实体模式，其课程设置模式不可能改变自下而上的知识出发途径，从大学发展和社会发展的需要出发，这样就会忽视知识、市场和学生发展的需要；而站在知识前沿的教师则因为没有基层发展责任而丧失了参与课程设置的动力和机会。此外，在各自为政的院系实体中，学科间的交流空间相当有限，封闭的院系封闭了学科交流的可能，学科孤立发展模式违背了知识融合的规律，从而导致学科发展越来越有限。知识结构的不合理导致创新型人才培养的空间相当有限。可见，只有符合知识发展规律的知识本位的基层组织模式才可能在大学的教学职能中、在人才培养内容和模式创新中有所作为。

二、内部评价制度的完善

扁平化和分权化的管理模式保证了大学内部评价制度的完善，符合质量管理"改进和转变"的理念。管理"精致化"是当代管理改革的趋势。扁平化的管理模式强调压缩管理结构，减少管理层次，下移管理重心，提高信息传输效率，增强系统适应外界变化的灵活性。分权化的管理模式强调分解权力、职能和责任，创设竞争环境，激发系统活力。但是过分强调扁平化，会影响管理结构和管理重心，可能导致中心管理事务过于庞杂；过分强调分权化则可能导致基层组织间过分攀比和竞争。二者的结合在大学的管理结构中体现得很清楚：一方面，大学中心的管理职能和权力、责任通过学部、学院各级组织逐级下放，首先实现分权管理；另一方面，中层管理学部的出现、学部数的减少符合学科融合的趋势，也是整合管理层级的需要。2009 年，英国南安普敦大学在就南安普敦大学内部质量管理制度相关情况整理的资料中提出："我们职能和政策的执行可能是三层结构也可能是两层结构：可能是从大学中心管理通过学部再到学院的正常传输过程，也可能就是从大学中心管理直接到学院，还有就是在学部和学院两级间解决事务。当然一切都视具体事情而定。"

从管理结构来看，学术和行政采用分立模式，行政服务学术理念稳固，不同学术部门间既为保持学术独立和自治性而相互分立，又通过学部为学科间的融合发展保持可能，这样的模式为教学、科研的学术独立性提供了切实的内部保障机制。而通过大学学部间的交流来推动基层学术组织的学科融合和发展，既符合知识发展的逻辑，也符合问题研究范式，更是一种加强大学内部良性竞争的管理模式，有利于促进以知识本位为基础的基层学术发展。学术和行政分立模式，一方面，保证行政以服务学生为中心的工作理念，学术领域内以学部为统筹，以学院为主要教学科研单位，为引导教学的理念提供了可能；另一方面，学部减少，学科间融合趋势加强，可以加大学科交流，打破学科壁垒，为教学法的相互学习提供了新的渠道。

三、多层次的质量评价

大学内部推行以基层质量评价为基础，中层关注质量保障、高层关注质量改进，人人为质量负责的质量评价制度。

（一）建立在课程审批、教师发展、学生测评和学生反馈基础上的基层质量评价

根据对教学质量以及质量管理战略的理解，高校教育机构应当对四个影响教学质量的要素进行重点规范。这四个要素分别是：新课程或模块的开设、教师发展、学生测评、学

生反馈。

　　新专业（包括新课程和模块）的开设被视为是对教学质量影响甚大的一个因素，因此，其审批过程也应十分严格。一个本科专业从提议开设到获得批准，须经过下列机构的层层审批：学系委员会、学院本科生学习委员会和附属学院或研究生学习委员会、学院委员会、评价与审批委员会、学术质量与标准委员会、学校参议院。合作开设课程还须合作与远程学习分委员会的审批。大学对上述各机构应具体考虑的问题都有详细指导，以规范其审批工作。概括地说，这些机构主要考虑新专业的可行性和合理性问题。可行性问题包括有关专业所需资源、市场需求、是否符合外部规则与标准等；合理性主要指学术合理性，包括对专业设置目的、培养目标、课程结构、教学方法的安排以及测评方法的合理性等进行考察。在新专业评审中，不但应该重视专业的学术合理性，而且应该重视专业的市场需求情况，因此要求申请单位必须提供详细的市场调查情况，尤其重视雇主的意见。专业审批过程中，后一环节首先要对前一环节的执行情况做一个大概了解，以监督并保障新专业审批工作的执行，使审批过程环环相扣，保障各阶段工作的落实。

　　教师发展制度主要由学术实践中心和大学学术成员发展与评价委员会负责，其内容包括：开设系列课程和培训、提供资助和安排学术假。课程和培训涉及教学、测评、研究、学生管理、行政以及个人发展等方面。在提供资助方面，主要是提供教师参加有关学术会议或相关培训的机会。大学为教师提供的发展项目同样也要接受有关部门的评价和监督，以不断改进和提高发展项目本身。

　　学生测评应当被视为检查课程教学效果的重要环节。在这一环节，学生和教师能同时获得有关其学习和教学的反馈，从而帮助改进学和教。大学应该通过外部监察制度充分发挥学生测评反馈对提高教学质量的积极作用。所谓测评反馈，指将测评结果及时反馈给学生，帮助学生改善学习。大学要求各机构将测评反馈的时间、方式等以制度方式明确、公开，并针对公开制度建立评价机制。在课程开始之前，有关机构要将预期的学习要求以及反馈形式公开告知学生，以保障学生事先对课程的学习有完整的了解，并明确学习过程中各步骤的要求。这样就使学习、测评和测评反馈成为一个整体。学生根据测评反馈进行改进，改进的情况将在下一轮学习和测试中体现出来；然后教师再次给出测评反馈，并根据上一次的情况进行调整。如此循环往复，可以使学生学习质量不断提高。

　　学生对课程和教学提供反馈意见越来越被认为是保障课程质量的重要方式。大学通过各种方式收集学生的反馈意见，并通过师生联络会以及在各委员会中的学生代表收集反馈。收集学生反馈意见主要是通过问卷形式，由课程领导负责，在学系这一层面进行。通过问卷，大学可以获得学生对专业及课程的设置、内容、组织以及教授等方面的评价，从而不断完善专业和课程模块。在对单门课程的评价中，大学也应要求学生进行自我评价，评价自己出席课程的情况以及努力的程度，以保障学生相对客观地看待有关课程问题。近年，英国华威大学已经出台了有关问卷设计方法以及结果分析等方面的指导性文件，旨在指导学系更科学地设计问卷并利用数据，改进、提升课堂设计和教学实践。

师生联络会是学生就有关学术问题发表意见的重要渠道，它还监督各学系对学生反馈意见采纳的情况。这一机构各学系都有，由学生领导，每年定期召开会议，学生可以就教、学以及学生支持等方面的问题展开讨论，提出意见，学生的主要观点将通过该组织向有关委员会汇报。在实施监督职能上，学系要将其针对学生反馈意见采取的措施向学生学习委员会报告。学生学习委员会要向学院提交年度报告，在明确大学范围内的优秀实践以及存在的问题后，由学院向大学教育质量保障机构汇报。

（二）建立在课程定期评价、年度评价基础上的中层质量保障机制

要素规范作为质量保障体系的建设性部分，其实施情况要接受大学评价。作为督促的主要方式，大学需要通过各种形式的内部评价定期检查院系的教学质量保障工作。评价形式主要有课程定期评价、课程年度评价以及学系年度评价。

1. 课程定期评价

课程定期评价以学院为主体，在学系提交的自评报告的基础上形成各系的自评报告，然后上交学院委员会，学院委员会汇总后再上报院校质量保障机构。该评价每五年一轮，以单门课程为单位开展，旨在鼓励各系对课程发展进行长远考虑，刺激新的课程设计并保障各系教育质量的提高。确定好评价的课程及时间后，学系将自评报告提交给学院委员会，后者将组织评价小组开展评价。评价小组成员不得少于三人，且都是外系学术人员，其中一人必须来自外院。他们对被评价学系提交的下列材料进行详细汇报和反馈：①自我评价报告（包括学术数据库中的有关数据）；②上一次定期评价的报告；③外部评价和任何外部专业团体的认证报告，以及在学术质量与标准委员会指导下针对这些报告提出的问题采取的有关措施；④过去三年的外部监考员报告；⑤上一次定期评价以来的所有有关课程的年度课程评价报告；⑥外部成员的详细意见（如果他们不能参加评价会议的话）；⑦学生手册和鼓励性文件；⑧师生联络会的年度报告，以及评价小组抽选的部分师生联络会文件和学生反馈文件、问卷以及对它们的分析；⑨课程详细介绍；⑩相关的学科标准陈述。

上述材料中，除了自评报告外，其他文件都是已经存档的材料，这样就避免了因评价给院系带来过多的麻烦，影响日常工作。自评报告的主要内容应包括：课程要求是否恰当，在多大程度上达到了预期的教学目的；课程教学中有没有运用现代技术，是否促进了学生的技能发展；课程结构和内容的改进效果如何，学生的学习效果和学习机会如何，以及院系内对课程的检查和监督方法是否有效等。

评价小组组长和秘书对上述材料进行检查并满意之后，将召集院系师生召开评价会议，重点讨论和评价课程的效果以及优缺点，然后提出改进意见。最后，评价小组秘书将起草

总结报告，提交给学术质量与标准委员会，同时给院系一份，要求院系书面回应报告的结论和建议。院系的回应以及委员会针对有关问题的解决方案也须向学术质量与标准委员会汇报。

2. 课程年度评价

课程年度评价主要由课程组组长负责组织和实施。课程组组长召集所有与该课程有关的教员以及部分学生开会，对该课程各方面的反馈信息进行讨论。这些反馈信息主要来自学生反馈或问卷结果、考试结果、外部监考员报告、外部专业团体的学科认证报告、师生联合会的文件及年度报告、雇主或其他利益相关者的反馈等。同时将这些材料与上一年的课程年度评价报告、课程详细介绍和外部质量管理委员会的相关标准陈述进行比较，以明确其优点与不足。会议结束之后，课程组组长将提交一份简单的评价报告，将本年度该课程的进展情况和明年的发展计划报告给系主任，由系主任汇总后交学院委员会讨论，并公布最佳课程实践和有待改进之处。

3. 学系年度评价

学院秘书根据学院所有课程的年度评价报告制作一份综合报告，明确学院内要解决的主要问题和需改进的领域，以及优秀实践案例等。这一报告将向大学质量保障委员会正式汇报。每一份课程年度评价报告同其后续改进工作的记录都将在院系存档，以做将来迎接其他评价之用。

（三）以质量改进为目标的高层质量管理模式

质量评价和保障的终极目标是提高和改进高校教育的质量。以国外某大学内部质量管理结构调整为例，我们可以发现，院校内部质量管理制度的改革和调整是以弱化高层具体质量管理方式为基础，以落实基层具体的质量评价和保障为方式，以强化质量改进理念为指导的路径选择。

国外某大学在2008年时进行过一轮结构调整。这次结构调整符合该大学自身的战略规划："我们进行结构调整的目的在于进一步加强大学层面的学术管理和领导力，使得高层的学术管理和执行团队能够和我们学院内具体制定学术发展规划的团队更紧密合作。比如我们原来有6个学院，现在有12个学院，这也就意味着原来只有6个学术管理者参与到我们大学的学术发展的研讨中，而现在参与人数增加到了12。这样，一方面有更多的来自学院基层的学术管理者参与到大学高层的政策与策略制度的讨论中来，另一方面，作为新的学院，我们也需要学校管理执行者参与到学院的管理中来，这样能够加强学院和大学层面在管理策略、发展方向上的协调。同时，这也是目前英国大学内部质量管理的普遍做法。我们这样的调整还因为有很多老师、教授来自南安普敦或者其他学校，他们把这些学校的质量管理经验带来，为我校质量管理的理念带来了新的思考。"

该大学调整后的内部质量管理结构是一种典型的层级化管理结构：从大学中心管理到学院管理再到系管理。质量管理模式首先自上而下进行政策指南的制定，在实施过程中遵循自下而上的报告提交和反馈。大学中心负责大学内部质量保障制度的框架设计和策略规划，基层学术组织则负责大学内部质量评价和管理的具体操作和实施，教师和学生都是质量管理的参与者和实施者。学术权力源头就是师生对学术的认同和质疑以及对质量的观照，而大学层面的学术办公室和教学委员会的责任在于汇总和收集质量信息，根据目前大学的发展情况来拟定未来质量发展的规划和战略。

第四节　高校教育质量评价体系的构建策略

面对高校教育质量的种种质疑以及高校教育质量评价自身的种种问题，我国高校教育质量评价正承受着比以往任何时候都要巨大的变革压力，这迫切需要高校教育理论研究者与实践工作者做出积极的、有效的、令人信服的回应。那么，在实践中到底应该怎样设计高校教育质量评价体系呢？可以尝试从以下几方面着手。

一、更新高校教育质量评价的理念

理念是指引个人思维和行为的价值观与信念。理念是抽象的概括，它不是具体的行为，但能指导行为，指导具体工作目标的拟定。高校教育质量评价的理念是在思考教育评价本身发展规律的基础上，对教育评价活动的内在价值追求的结果。先进的、科学的理念一旦形成，将是一股引导教育发展的巨大力量。目前，我国高校教育质量评价理念落后于实践发展的需要，因此，评价理念的更新是重构高校教育质量评价体系的关键。

（一）树立服务性的评价理念

传统的教育评价具有鉴定和管理的功能，由评价者依据一定的标准对评价对象的工作进行检查、监督，以判断其达成目标的程度，从而实现对教育活动实施监督与控制的目的。在这种评价思想的指导下，评价者与评价对象处于对立的地位，他们之间是控制与被控制、监督与被监督、管理与被管理的关系，从而造成了评价者拥有至高的权力，而评价对象处于被动接受检查、等待评估的位置。因此，评价对象参与评价的积极性不高，甚至惧怕和反对评价。

评价应是评价者与评价对象之间民主协商、共同参与的过程，而非评价者对评价对象进行价值判断、控制和监督的过程。因此，评价不仅具有判断与管理的功能，更重要的是具有服务与建设的功能。这就要求我们在高校教育质量评价的指导思想上，必须转变以往以监督控制性评价为主的理念，树立以服务性评价为主的理念，发挥评价的建设性功能。

服务性评价理念要求评价者在进行高校教育质量评价的时候，以为评价对象服务为宗旨，充分听取评价对象的意见与建议，与其建立协商型的伙伴关系，使评价对象自觉配合和主动参与评价。通过科学、客观的评价，评价者要为评价对象提供准确的反馈信息并提供可行性建议，帮助其不断改进工作，实现价值增值，从而大大提高评价体系的运行效率和效益。同时，服务性评价还要求评价者实施评价活动时，尽量站在评价对象的立场考虑，通过评价帮助他们改进工作，而不是用频繁的检查控制式评价增加他们的工作负担。

（二）树立适应性的评价理念

高等教育进入大众化阶段，呈现出一种多样化的发展态势，其表现为办学主体多样化、办学形式多样化、办学层次多样化和培养目标多样化。它适应了社会对不同层次、不同规格和不同类型的人才的要求，正逐步成为大众的文化场所和学习场所，不断为整个社会创造新的知识和提供高素质的劳动者，为社会创新注入活力。显然，此时对高校教育质量的评价再继续沿用传统的精英教育的知识质量观是行不通的，而要考虑多样性，避免用同一个尺度来衡量高校教育的质量。

因此，在评价高校教育质量时，必须树立适应性的评价理念，以适应性作为不同层次、不同类型、不同地区高校评价的基本要素，而不能抽象、笼统地用一个标准去评价不同的大学。比如，对自筹经费的大学，只要培养了适销对路的专业人才，人才的素质和能力在社会上得到认可，就可以承认它的教育质量。但需特别指出的是，这种适应并非无视高校教育的自身规律，一味地迎合外部需求而失去高校教育的主体地位，而是在外部需求与自身规律之间寻求最佳契合点。唯有如此，才能既不失高校教育质量的长远追求，又顾及外部社会的短期质量目标要求。这也体现了高校教育质量评价标准应与社会对人才的需求相一致的取向。

纵观高校教育发展的各个历史阶段，从注重博雅学识到注重专业基础知识，从注重实践能力到注重全面素质的高校教育质量评价取向的变迁，均清晰地显示了高校教育质量评价的适应性原则。

（三）树立发展性的评价理念

发展性教育评价在 20 世纪 80 年代兴起于西方国家，是一种与传统的奖惩性教育评价不同的新型评价理念。发展性教育评价以发展为目的，是一种依据目标、重视过程、及时反馈、促进发展的形成性评价。

发展性教育评价有如下特点：在教育评价方式上，发展性教育评价不仅注重评价对象的工作表现，而且重视评价对象的未来发展，重在使评价对象增值，是强调"立足现象、回顾过去，面向未来"的评价；在评价目标上，发展性教育评价更强调以促进评价对象的发展为目的，是一种形成性评价；在与评价对象的关系上，发展性教育评价重视提高评价对象的参与意识，发挥其积极性，与其建立合作型关系；最后，发展性教育评价以评价对象为发展主体，通过系统地收集评价信息和进行信息分析，对评价者和评价对象双方的活动进行价值判断，实现评价者和评价对象协调发展的目标。

发展性教育评价理念的提出，改变了长期以来站在评价者的立场考虑，重视对评价对象的教育效果进行鉴定和区分优劣的终结性评价占统治地位的局面，而以评价对象的发展为主要目标，重视对评价对象的工作过程进行评价和及时反馈，以帮助评价对象改进工作，促进其发展。

发展性教育评价可以促进评价者与评价对象之间的良好交流与合作，确立评价对象的主体地位，提高他们参与评价的积极性和主动性，从而提高评价体系运行的效率和效益。发展性教育评价站在评价对象的立场考虑，更重视评价对象自身的可持续发展，实现评价对象的价值增值，是一种更重视评价效率与效益的评价。发展性教育评价更重视促进评价对象有效改进其工作，这不仅能够满足目前发展的需要，而且能够促进其未来的持续发展。所以，发展性教育评价是一种更先进的教育评价理念与指导思想，对指导我国高校教育质量评价体系的建构，提高高校教育质量评价体系的运行效率和效益有极其重要的意义。

二、优化高校教育质量评价的指标

评价指标是开展教育评价的基础，也是评价活动的重要依据，决定着评价活动的效果和效率。因此，要改进我国高校教育质量评价工作，真正发挥其功能，保障我国高校教育质量持续改进和提高，还必须优化高校教育质量评价的指标，着力构建我国高校教育质量评价的指标体系。

（一）高校教育质量评价指标的优化价值

何谓评价指标呢？陈玉瑶教授认为："从评价学的观点来看，指标是一种具体的、可测量的、行为化的评价准则，是根据可测或可观察的要求而确定的评价内容。"从本质上说，它是评价目标的细化和具体化。高校教育质量的评价目标是对高校教育质量进行价值判断，找出问题，提供反馈信息，促进高校教育质量的持续改进。

高质量的高校教育标准是高度概括的、抽象的，它涉及许多方面的目标，包括条件、过程和输出成果方面的高质量。因此，评价指标就必须把这些高度概括的、抽象的目标细化成具体的、可测量的、行为化的、可观测到的标准作为评价的依据和准则。但是每个指标只能反映某一方面的目标，不同的评价指标在判断评价对象达到预定目标的程序中所起的作用是不相同的。为了使每项指标发挥其应有的作用，就必须赋予各评价指标以不同的权重。这就涉及指标的优化，即根据相关要求（如教育目标、人才培养质量等），运用一定的方法对指标体系中的各要素进行层级分解与权重设计。

实践证明，一个设计科学合理而又简单易行的指标体系是成功进行教育评价的重要基础。如果指标体系设计不科学、不合理、烦琐且不可行，不仅不能提高评价体系的效率和效益，而且也得不到科学的评价结果。从这一意义来看，优化高校教育质量评价的指标不仅是必要的，而且是紧迫的。

（二）高校教育质量评价指标的优化策略

优化高校教育质量评价的指标可以从以下三个方面着手：

一是要体现完备性。根据评估学原理，一个评估系统的指标体系所反映的广度和深度应当包含或者覆盖评价对象的全部本质属性。高校教育是一项系统工程，其质量是由多种因素相互作用的结果，包含的属性范围极为宽广。因此，在设计和构建高校教育质量指标时，必须坚持全面的理念，根据高校教育质量的内涵和外延，全面设计指标体系。

二是要体现实用性。指标体系的完备性是我们追求的目标之一，但过于重视细枝末节则会导致评价信度的降低。因此，对高校教育质量的评估，应在保证评估目标能够得到充分体现的前提下力求简易，选取的评价指标要简明且易于操作，同时要有易于观察和收集的确切的数据来源，并最大限度地避免使用主观色彩过于浓厚的综合性指标。这样评估起来，收集信息方便，费时少，主评人员容易掌握，便于配合，误差较小，从而既能保证评估结果的可靠性，又能使评估体系达到简单、经济、实用的要求。

三是要体现针对性。不同类型的学校虽然可分享共同的教育目的，但每所学校的具体使命、角色作用、关键的成功因素却不尽相同。学校是否明确自己的使命本身就是一个影响教育质量的重要因素，不同类型的学校评价指标不同有利于学校正确把握自己的使命。因此，在设计和优化高校教育质量评价指标时，应针对不同层次、不同类型的学校，制定适合国情的多样化的教育质量标准。在横向上，应该分别制定研究型、教学型、应用型大学的教育质量标准；在纵向上，也应该分别制定博士生、硕士生、本科生、专科生应达到的质量标准。

三、丰富高校教育质量评价的主体

高校教育的质量不仅关系到举办者、办学者的责任和利益，而且与社会民众特别是受教育者的利益密切相关，这就决定了多种力量要求对高校教育质量进行评价。因此，要进一步推进高校教育质量评价的发展，还应丰富高校教育质量评价的主体，积极创建政府、学校和社会共同参与、联动协调的评价机制，使政府教育督导部门、社会中介教育评价机构和学校联合起来，围绕共同目标，从不同角度对高校教育质量进行客观、可信、有效的评价。

（一）政府评价主体的职能转变

教育是在特定的社会历史环境中进行的一种特殊的社会活动，受到一定社会状况的制约，因此，对教育质量进行评价就成为社会公众与政府部门普遍关心且自觉参与的社会活动。

在计划经济时代，政府是高校教育资源的唯一投入者，也就成了唯一进行高校教育管理的权力主体，直接控制着高校教育质量评价的方方面面，因而在以前的高校教育质量评价中，政府是唯一的评价主体，一切评价活动均以政府的价值观和利益需求为取向，重视对投入资源、办学条件的评价，忽视高校教育产出以及绩效评价，从而造成了责任机制的缺乏和效率的低下。

随着高校教育管理体制、投入体制的不断改革，政府已不再是高校教育质量评价中唯一的权力主体，而是让比其在这一领域更有管理优势的社会机构与高校承担更多的责任。

政府的主要职责是通过制定高校教育质量评价的政策、法规等，对评价机构的组成及其评价活动的实施加以规定、监控和调节，从而保证评价机构的权威性和评价活动的公正性。同时，政府及教育主管部门要利用评价结果制定高校教育发展的有关规划，从总体上、宏观上调控和把握高校教育的发展方向，提高高校教育的总体发展水平，促进高校教育质量不断改善与提高，使其更符合国家的利益需要。

（二）自我评价主体的功能发挥

自我评价是客体对象主体化的行为，是一种自觉主动的行为。自我评价是高等院校内部自行组织实施的评价，是对教育活动进行自我调节和自我完善的重要手段，主要功能是优化教育过程。

高校自我评价不仅是同行评价等外部评估的基础，而且是高校教育质量体系的重要组成部分，是高校教育质量评价的成功所系、生命所在。正如有些评论者所指出的："只有给予自我评价以足够的重视，才会使教育评价的积极作用得到尽可能大的发挥，以实现评价的目的。"

从当前我国高校教育质量评价的现状来看，高校缺乏自我评价的积极性和主动性，其所进行的自我评价只是政府评价的一部分，是为政府评价收集信息的过程，具有某种强制性，容易出现形式主义、弄虚作假的现象。虽然部分高校内部设有教学质量管理办公室或教学评估办公室，并定期开展评教评学等活动，但这还远远不够。由于这些高校开展的自我评价大部分是阶段性、临时性、应急性、总结性的，没有把教学质量评价作为学校的经常性工作，当然也就没有开展形成性、日积月累的自我评价工作，这也是当前高校自我评价耗费大量人力、物力、财力，却造成评估和教学颠倒的直接原因。要改善这种现状，就必须改变政府控制下的以为政府评价提供信息为目的的高校自我评价模式，由高校自主地、自下而上地建立起自我发展、自我约束的自我评价教育质量评价体系。

（三）社会评价主体的积极介入

对于教育的社会评价，《教育技术辞典》中的界定是："社会评价是由具有一定权威的社会团体不受任何教育主管部门委托，独立地对教育活动进行的评价，是社会用人单位对学校培养学生适应社会需要程度进行的评价。"还有学者认为："教育的社会评价是以教育系统外部的社会力量为主体，从社会发展和人民群众需要的角度，对教育行为或现象进行价值判断的活动。"

一般来说，高校教育的社会评价主体包括各学术团体、专业协会、专门的社会评价中介机构、私人团体、毕业生雇主、新闻媒体等。它们代表了广大社会各利益集团的利益，都是高校教育的主要利益相关者。在我国高校教育质量评价由单一评价主体向多元评价主体转化的过程中，高校教育质量评价除了由政府评价和学校自我评价，还需要一种站在公众的角度，按相对公允的价值标准对高校教育进行的评价。因此，在高校教育质量评价体系中，必须重视充分发挥由非政府的社会团体、民间组织以及公民个人参与高校教育质量评价的权利，并且促使它们更加有效地履行其应承担的责任和职能，即需要社会评价主体的积极参与和介入。

正是基于这样的认识，教育部明确提出：要进一步转变政府职能，建立评价中介机构，成立具有独立法人的教育部高等教育评估中心，不断提高评估工作的专业化和科学化水平，并且，建立起社会评估中介机构的资质认证制度。高等教育评估中心可以带动地方政府、教育行政部门建立相应的评估监控制度和组织机构，促进高校建立自我发展、自我约束的内部质量评价机制，积极引导和培育社会评估中介机构，形成由国家控制、评估机构评估、高校自我评估和社会监督共同组成的完整的教育质量评价体制。

四、完善高校教育质量评价的方法

高校教育质量评价的方法很多，但没有哪一种评价方法和手段是绝对优异的，它们都有各自的适用范围，只有将多种方法结合起来，发挥各自的优势和作用，才能从不同的侧面反映实际状况，增强评价的准确性。因此，在评价高校教育质量时，应使用综合的评价方法。具体来说，就是要实现"四个相结合"。

（一）定量评价与定性评价相结合

定量评价是采用数学的方法，收集和处理数据资料，对评价对象做出定量结果的价值判断。如：运用教育测量与统计的方法、模糊数学的方法等，对评价对象的特性用数值进行描述和判断。定量评价强调数量计算，以教育测量为基础。它具有客观化、标准化、精确化、量化、简便化等鲜明的特征。它在一定程度上满足了以选拔、甄别为主要目的的教育需求。

定性评价是根据评价者对评价对象平时的表现、现实和状态或文献资料的观察和分析，直接对评价对象做出定性结论的价值判断。如：评出等级、写出评语等。定性评价是利用专家的知识、经验和判断进行评审和比较的评价方法。定性评价强调观察、分析、归纳与描述。

高校教育质量的构成要素（如规格、效益、特色等）既有确定性又有不确定性，这就要求对高校教育质量所实施的评价与控制必须遵循定量与定性相结合的原则。凡是能够用一定数量确定的，应尽量给出定量要求；而对一些抽象层次高、找不到典型价值事实的评价对象，则应以定性评价为主。唯有如此才有可能做到评价与控制的客观、公正和全面。

（二）单项评价与综合评价相结合

单项评价是对评价对象在某一方面的评价，或者指评价对象在某一时间范围内的工作评价。单项评价不仅能为改进某一方面的工作提供依据，而且能为评价对象提供今后工作努力的方向。缺少单项评价会导致综合评价结论的表面化和简单化，因此单项评价是综合评价的一个重要组成部分。

综合评价是用动态的、发展的眼光，对评价对象工作的各个环节进行系统的、全程的、较长时期的、循环反复的评价。综合评价不是单项评价的累加，而是对评价对象全方位的、多角度的、综合各种因素的系统评价。没有综合评价，就无法全面了解评价对象的工作表现，无法把握评价对象的发展倾向和发展需求，也无法修正评价过程中由晕轮效应、趋同效应等引起的各种偏差。

高校教育本身是一个多边系统，而这些系统又有相对独立性。质量评价需要与各层次的教育活动同步进行，以判断各层次、各方面的效果，从而改进各层次、各方面的工作。因此，实施高校教育质量评价必须坚持单项评价与综合评价相结合，这也是教育评价的一项基本方法。

（三）自我评价与外部评价相结合

高校教育质量是高校永恒的主题。因此，建立自我评价制度理应成为高校的自觉要求和不可或缺的重要一环。由于受自身条件和各种因素的影响与限制，自我评价机制存在一定的局限性，其评价结论的客观性、可信性和有效性难以得到保障。外部评价与自我评价相比，起点更高、视野更宽，更具客观性、权威性，对高校的宏观指导战略意义更大。因此，评价高校教育质量还必须将外部评价与自我评价相结合，并使二者相互融合，使评价的过程与结果更真实、更科学。

一般来说，在高校教育质量评价中，应先由学校进行内部自我评价，然后外部评价机构根据自评报告对学校进行检查或指导，这样既可以让学校展示其优劣点，又能节省时间，符合我国教育质量评价高效率的要求。同时，学校成为评价主体之一，参与评价的积极性也必将得到进一步加强。

（四）静态评价与动态评价相结合

静态的认可性评价的重点在于高校的实际教育水平是否符合一定的质量标准。认可性评价较重视评价的统一性，其标准多为静态标准，即针对稳定的教育任务，依据既定的教育目标而编制的评价标准，目的是考核教育任务完成的程度和水平，且是相对稳定的。

动态的发展性评价则更注重从改革和发展的角度对高校在改革中表现出来的活力，即适应能力和创新能力进行动态评价。发展性评价重视评价标准的多样化以及高校的办学特色。从动态和改革的角度评价高校教育的发展，必须允许甚至应当提倡各所高校制定自己的特色评价标准，或者评价者针对不同的高校制定不同的发展性评价标准。

对高校教育而言，其质量保障和质量提升是一项复杂的系统工程，不是一蹴而就的，也不是一劳永逸的。仅仅依靠静态评价不能反映整个发展过程，也无法把握其发展方向。因此，在对高校教育质量的评价中，必须坚持静态评价与动态评价相结合，但要以动态评价为主。

五、健全高校教育质量评价的制度

制度和机制带有根本性、全局性、稳定性和长期性的特点，任何一项工作的深入开展，都必须依赖于制度和机制的建立与完善。当前，在高校教育质量评价实践中，还存在严肃性、规范性不强的突出问题，部分影响了评价的信度和效度。为此，还需要进一步健全高校教育质量评价的相关制度和机制，切实增强高校教育质量评价的科学性和有效性。

（一）健全高校教育质量评价的文本制度

法律保障的特点在于，它以国家权力作为后盾，具有最高的权威性和最大的强制力。因而，立法建设对质量评价和质量保障具有重要意义。

从国际情况看，许多发达国家都把高校教育评价作为一项重要的制度，国家的法律条文和制度明确规定了评价的依据、目的、标准、机构、组织、程序、结果及其使用、专业人员、有效期限、仲裁、费用来源等。俄罗斯不仅以《教育法》的形式确立了高校教育鉴定制度，还相应地以《教育活动认可条例》《高校国家鉴定条例》《高校国家评定条例》等专门性的法规予以制度响应。

与国外相比，目前我国高校教育质量评价活动还处在无法可依或有法难依的状况。这势必使高校教育质量评价在实践中的约束力和影响力大大削弱。因此，应依据《教育法》《高等教育法》《教师法》以及我国高校教育的战略目标、方针、政策等，借鉴和吸收西方国家质量评价和质量保障的法治经验，结合我国高校教育质量评价和质量保障的理论和实践，进一步完善高校教育质量评价的各种文本制度。

（二）健全高校教育质量评价的保障制度

任何一项工作要想朝着既定目标健康发展、有效运作，都需要有良好的保障机制，高校教育质量评价更是如此。因此，在实施高校教育质量评价时，应通过健全保障机制，把内部保障和外部保障有机结合起来，为评价工作的深入开展保驾护航。

一方面，政府及教育主管部门应充分发挥外部保障的积极作用，通过人、财、物方面的支持和制度性的项目支持等，来推进高校教育质量自我评价体系的建立。如，政府可对建立了自我评价体系的高校进行鉴定，凡是通过了鉴定的高校不仅可以获得政府的经费资助，而且还可以享有较大的办学自主权。

另一方面，社会及相关部门也可以从社会资金的资助、就业资格或生源等方面来促进和保障高校教育质量评价。例如，各种专业行会可以对专业性强的专业进行鉴定，把它作为职业资格准入的一个必要条件，使毕业生得到用人单位的认可，使高等院校能够吸引更多的学生。

同时，高等院校应充分发挥主动性，在学校内部营造一种学者团体的自律文化，使内部成员能自觉地参加自我评价，进行自我保障，通过这样一种不断自省的方式来建立学术组织的规范，维护学术的权威性、学位的荣誉以及学术组织的纯洁性。这就要发挥各级学术委员会或教授委员会的重要作用，尤其是要发挥系一级学术机构的作用，建立起高校教育质量评价的内部机制。

另外，在学校内部成立强有力的行政管理部门也是推进自我评价体系建立的一种有效措施。如果有了这样的强烈意识，并且建立了一些明确的规章制度，就能为建立自我评价机制创建一个良好的环境。

（三）健全高校教育质量评价的评价制度

评价活动本身的质量如何，是否能够真实、公正地反映评价对象的客观情况，切实有效地发挥导向、激励、诊断、中介、提升等功能，还需要进行进一步的考察与评价。这种评价就是对所进行的评价活动进行的后续评价，也就是对评价的评价，也被称为"再评价"。

再评价对监督与制约评价主体的行为、提高评价结果的客观性、消除评价中的误差、改善高校教育质量评价工作、总结经验与不足、提高评价体系的运行效率和效益都有十分重要的作用。高校教育质量评价的实践经验证明，再评价在保障高校教育质量评价的质量，提高评价的信度和效度方面发挥了极其重要的作用。如，英国政府主要由质量审核这一制度来实现对评价活动的再评价；荷兰政府则是通过对评价活动进行再评价来评价高校教育质量评价；而美国联邦政府对高校教育质量鉴定机构的资格审核与认可实际上就是一种再评价制度。

相形之下，我国高校教育质量评价活动中对评价的再评价较少，认识也不够。表现在再评价仅仅是对评价结果的信度和效度的分析，而没有对评价方案（包括评价指标体系和评价实施方案）、评价的实施过程、评价的技术以及评价实施者本身进行全面系统的再评价。另外，一些再评价的实施者同时是评价活动的实施者，无法对他们自身进行监督和制约。这就影响了我国高校教育质量评价体系效率和效益的提高与改善，是今后工作中必须引起高度重视的一个重要问题。因此，应高度重视再评价制度的建立和完善，并把它作为保障评价活动质量，提高评价体系运行效率和效益的重要手段在实际工作中予以加强，使评价成为保障和提升高校教育质量的重要手段。

六、深化高校教育质量评价的研究

由于我国高校教育质量评价起步较晚，现阶段还处于实践的探索阶段，因而特别需要有理论研究的支持、政策的帮助和趋势预测的启发。但就当前我国的实际情况来看，有关高校教育质量评价的理论研究还相当薄弱。这就必须要进一步深化高校教育质量评价的理论研究，积极探索开展高校教育质量评价的新思路、新举措，积极探寻有效的高校教育质量评价原则、途径、措施、方法等，从而为高校教育质量评价的实践提供坚实的理论支撑。在实践中，为了早出成果、快出成果、出好成果，还应努力实现高校教育质量评价理论研究的"三化"。

（一）研究队伍专门化

当前，从事高校教育质量保障与质量评价研究的人员主要有两类：一类是教育理论研究方面的专业人员，如教育研究院人员、高校教师和研究生等；另一类是在教育实践第一线的工作人员，如教育主管部门的工作人员、高等院校的教学管理人员等。

总体来看，很多实践工作者对这一专题的研究有实际经验，但缺乏理论知识，研究成果的深度略显不够；而部分理论工作者因缺乏实际工作经验，仅做纯理论研究，研究成果的实用性不强。而且，相关的高校教育质量保障研究或高校教育质量评价研究主要来自研究者个人基于自身的具体实践而提出的经验总结，或者来自研究者基于自我的基本判断分析，缺乏对现有的评价理论和实践进行的深层次审视与批判。如果照此发展下去，高校教育评价研究将难以真正有所发展和创新，难以发挥对高校教育评价实践的引领作用。同时，由于教育评价是一门综合学科，需要越来越多的、综合的学科知识来支撑，如教育学、管理学、心理学、数学、统计学、经济学等。因而，要实现教育评价研究队伍的专门化，就必须进一步加强教育评价的学科建设，以学科平台为依托，吸引和积聚了大批具有较深专业知识和较高理论水平的专家、学者，从而构建教育评价研究不同层次的完整的学术梯队，形成一支专业化的研究队伍。

（二）研究载体配套化

一方面，学术界、理论界要在政策、资金、课题等方面对开展教育质量评价研究实行扶持和倾斜政策，要创办专门性的学术期刊，交流研究成果。各级各类研究机构每年度要安排一定的课题指标用于教育质量评价的课题研究，不断完善教育评价的理论体系。要特别注意研究方法的科学性、研究课题的针对性、研究成果的创新性，实现教育质量评价理论研究的制度化、规范化、常态化。

另一方面，还可借鉴西方国家的经验，通过设置专职的教育评价研究机构，或依托独立的教育评价中介机构，积极组织专家、学者围绕教育质量评价的热点问题、难点问题和重点问题开展系统的研究工作。如，美国六大区域认证协会从建立之初就一直在不断地开展高校教育质量认证研究，对认证机构的使命、目标、成员、独立性以及质量认证的标准与过程等不断进行改进和调整；丹麦政府于1991年组建并于次年开展工作的高校教育质量保障和评估中心（后并入丹麦评估研究所），其职责也是收集、研究和传播国内外的先进经验，探索科学有效的评估办法。这些经验和做法都值得学习和借鉴。

（三）研究范式多元化

开展高校教育评价研究，在讲究理论研究的科学性、规范性的同时，还必须提倡研究方法的多样化和研究范式的多元化，提倡高校教育质量评价研究的"百花齐放""百家争鸣"。

在具体实践中可采取如下措施：一方面，要避免长期以来教育评价研究范式单一化的弊端，改变"拍着脑袋撰理论的做法"，发挥传统研究方法的优势，并结合高校教育评价的特点，学习和嫁接其他社会科学和自然科学的研究方法，如案例研究、行动研究、追踪研究、实证研究、现场研究、实验研究等，做到研究方法丰富、多元、有效；另一方面，要从高校教育评价的哲学、社会学、管理学、法学、教育学、心理学等多学科的视角，研究高校教育评价的本质和属性、目的和作用、结构和功能、过程和效果等，探索高校教育评价的基本规律与原理。

在开展比较研究、接受国际尤其是西方国家发展成果和经验的同时，还应始终积极地、自觉地追求民族性和本土化。事实上，只有将高校教育评价的普遍性规律与我国高校教育的具体特点结合起来，才能真正建立适合我国国情的高校教育质量评价体系，促进高校教育质量的不断提升。

参考文献

[1] 丁兵 . 当代高校教育管理研究 [M]. 西安：西北工业大学出版社，2019.

[2] 梁迎春，赵爱杰 . 高等教育管理与质量评价研究 [M]. 西安：西安交通大学出版社，2017.

[3] 王景英 . 教育评价 [M]. 北京：中央广播电视大学出版社，2004.

[4] 宁业勤 . 教育评价实践研究 [M]. 杭州：浙江工商大学出版社，2016.

[5] 王荔雯 . 移动互联网时代高校教育管理模式改革与实践研究 [M]. 北京：中国原子能出版社，2019.

[6] 林榕 . 大数据背景下高校教育管理信息化发展与创新研究 [M]. 长春：吉林大学出版社，2018.

[7] 吕红 . 高等教育质量标准体系评价与创新研究 [M]. 北京：科学出版社，2018.

[8] 陈桂香 . 基于大数据的高校教育管理研究 [M]. 北京：科学出版社，2018.

[9] 李艳芳，韩燕 . 新时期高等教育管理路径及实践策略研究 [M]. 长春：东北师范大学出版社，2018.

[10] 陈玉琨 . 教育评价学 [M]. 北京：人民教育出版社，1998.

[11] 涂阳军 . 高等教育质量评价：方法与案例 [M]. 长沙：湖南大学出版社，2015.

[12] 刘明亮 . 高等教育管理与大学生创新能力培养研究 [M]. 北京：科学技术文献出版社，2017.

[13] 易凌云 . 互联网教育与教育变革 [M]. 福州：福建教育出版社，2018.

[14] 王宝堂 . 当代高等教育管理与实践路径研究 [M]. 青岛：中国海洋大学出版社，2018.

[15] 阮艳花，张春艳，于朝阳 . 教育管理理念与思维创新 [M]. 汕头：汕头大学出版社，2019.

[16] 代静 . 高等教育管理与教学研究 [M]. 西安：西安交通大学出版社，2017.

[17] 关洪海 . 高校教育管理与创新实践研析 [M]. 北京：冶金工业出版社，2019.

[18] 陈晔 . 新时期高校教育管理实践研究 [M]. 北京：现代出版社，2019.